ÍNDICE

LA SIMULACIÓN EN LA LUCHA POR LA VIDA

JOSÉ INGENIEROS

FV ÉDITIONS

ADVERTENCIA DE LA 11.ª EDICIÓN

Este ensayo sobre *La Simulación en la lucha por la Vida* fué escrito por el autor antes de terminar sus estudios universitarios y presentado a la Facultad de Medicina como introducción de su tesis: *Simulación de la locura* (1900). Careciendo de recursos para editarla, concediósele que sólo imprimiera una parte, publicándose la obra entera, por capítulos, en las revistas "La Semana Médica" y "Archivos de Psiquiatría" (1900-1902). En 1903 se hizo una primera edición conjunta (Spinelli, Buenos Aires), apareciendo en el mismo año una traducción italiana (Flli. Bocca, Torino, "Biblioteca Antropologico-Giuridica").

En volumen aparte se publicó la tercera edición, española, de *La Simulación en la lucha por la vida* (Semperé, Valencia, 1904), con leves correcciones de estilo y algunas notas; sobre ese texto se hizo una traducción francesa (Charles Barthez, Narbonne, 1905). Posteriormente se han hecho seis reimpresiones españolas, sin conocimiento previo ni intervención del autor, acumulándose en ellas tantos y tan graves errores que la última puesta en circulación (1917) es ya ilegible; baste decir que si en las primeras las variantes son de origen tipográfico, en otras ha llegado a alterarse, además del texto, el índice y las conclusiones. En la última aparece modificado... el título mismo.

A fin de reparar esas irregularidades se publica la presente (11.ª), que restaura el texto de la tercera, con ligeras variantes de forma; servirá, al propio tiempo, para una próxima traducción portuguesa, autorizada ya.

El autor ha resistido a la tentación de rehacer este ensayo y ha respetado sus deficiencias; cada estación tiene sus frutos y los libros de juventud merecen vivir como han nacido, con la ligereza propia de su menor responsabilidad. Son testigos sinceros, aunque poco ceremoniosos; sería injusto que atestiguasen la gravedad propia de las primeras canas.

Aunque sólo fué una introducción a un estudio de patología mental, aprovechó el autor en este ensayo algunos conocimientos de ciencias naturales y de ciencias sociales, que había adquirido simultáneamente con los de medicina. Años más tarde advirtió que Homero había pintado, en Ulises, el arquetipo de los simuladores, y que entre los ensayos de Bacon figuran cuatro páginas dedicadas a comentar la utilidad de la simulación. Con esos, y muchos otros datos de bibliografía clásica, compuso su conferencia *La progenie de Ulises* (curso de psicología de los caracteres humanos, 1910), que no se agrega al presente volumen por ser de época muy posterior.

Al revisar el texto, diez y siete años después de su redacción, el autor ha tropezado con defectos de estilo y con opiniones ligeras sobre tópicos accesorios; ha tenido, en cambio, la grata satisfacción de observar que poseía ya ciertas ideas generales que aún considera como las menos inexactas. Y por un justo escrúpulo, casi documental, se ha abstenido de hacer variante alguna en la "Introducción", profesión de fe de su juventud, escrita poco después de los veinte años: primera página de su primer libro.

Buenos Aires, 1917.

INTRODUCCIÓN

I. Los médicos de Molière, el gusano simulador y la simulación de la locura.—II. Ideas científicas directrices; correlaciones bio-sociológicas; la filogenia de la simulación en la lucha por la vida.—III. Desarrollo, en series, de los fenómenos de simulación.

I.—Solicitado, de ha tiempo, nuestro espíritu hacia el estudio de las ciencias antropológicas y sociales, atrájonos especialmente la fase patológica de la vida individual y colectiva, tan interesante, por cierto, como sus manifestaciones normales.

Es método en las ciencias biológicas, llegar al conocimiento de la función normal por el estudio de su patología; examinando las lesiones de los centros nerviosos enfermos y relacionándolas con los síntomas previamente observados, ha podido inferirse la fisiología normal de esos centros. De igual manera las ciencias sociales han aprovechado el estudio de complejos problemas de patología social, conflictos internos y externos, crisis, violencias y otras perturbaciones de la evolución social. En las ciencias psicológicas, por fin, el análisis de las anormalidades de la actividad mental, ha permitido comprender mejor las funciones psicológicas normales; lo que ha sido elevado por Ribot a método de investigación.

Convergiendo, pues, hacia la psicología individual por el camino de la psicopatología, y hacia la sociología por el estudio de los fenómenos de patología social, penetramos en los dominios de la locura y del delito. En la encrucijada de ambos fenómenos—conjunción sabiamente observada por Maudsley en un libro feliz,—donde la anomalía psíquica del individuo se convierte en causa determinante de su actividad antisocial, encontramos la dolorosa legión de fronterizos y alienados para quienes se entreabre la puerta sombría del delito, como si un destino inexorable los apresara entre las mallas funestas de la criminalidad; la locura y el delito, justamente emparentados por Morel en su visión sintética de las degeneraciones humanas, entrelazan sus tentáculos nefastos, engendrando ese personaje magistralmente burilado por Shakespeare en su Hamlet: el alienado criminal.

De particular manera—y por especiales razones de observación—nos preocupaban los casos de *locura simulada por delincuentes*, máxime al advertir su frecuencia desde que la justicia reconoció la importancia de la psicopatología criminal y el examen psíquico se consideró indispensable para determinar la responsabilidad de algunos delincuentes.

Tal era la estática de nuestra mente. De sobre el velador tomamos, una noche, el *Malade Imaginaire*, de Molière, para continuar su comenzada lectura, con el higiénico propósito, entre otros, de no adormecernos bajo la influencia poco grata de una monografía sobre "Nuevos tratamientos de los bolos fecales", cuya lectura acabáramos en el *British Medical Journal*. Teníamos para ello nuestras razones; estudiando la psicopatología de los sueños, habíamos visto que la naturaleza de las impresiones recibidas en el período prehípnico, influye de manera intensa sobre el carácter agradable o desagradable de los sueños*.

Las peripecias de Argan—a quien hoy no consideraríamos un "enfermo imaginario", sino un caso de neurastenia gastro-intestinal, como demostró ha poco tiempo el profesor Debove en una hermosa conferencia a los estudiantes de la Sorbona—prolongaban nuestra vigilia más allá de sus límites habituales. Seguíamos ávidamente las operaciones "científicas" de Purgon y de Diaforius, que "saben bellas humanidades, hablan en buen latín y designan con nombres griegos todas las enfermedades; pero en cuanto a curarlas, carecen de toda noción". Y con deleite asistíamos a las inagotables lavativas de Mr. Fleurant, competidor, sin desventajas, de las purgas y sangrías del primero, mientras Diaforius daba a su hijo Tomás una lección clínica, en presencia del mismo Argan, felicitándole ardientemente por haber seguido sus huellas, permaneciendo "fiel a las opiniones de los antiguos", negándose a prestar la menor atención a las razones y experiencias de los "pretendidos" descubrimientos y teorías de la época...

Sonaba involuntariamente en nuestro oído la invectiva de Cicerón: "*Neque imitare malos medicos, qui in alienis morbis profitentur tenere se medicinae scientiam, ipsi se curare non possunt.*" (Ad fam., IV, 5, 5). En ese momento Mr. Fleurant empuñaba de nuevo el instrumento que sintetizaba toda su profundidad científica.

---

* Véase nuestro trabajo "La Psychopathologie des Rêves", en la *Revue de Psychologie*, de París, marzo 1900.

Tuvimos la percepción de algo dibujado en el campo periférico de nuestra retina, cuya mácula lútea estaba enfocada a las líneas del libro. Volvimos la mirada; a la altura de los ojos, adherido a la pared, vimos uno de esos copos de algodón y polvo que suelen formarse en los rincones de los aposentos.

Poco nos interesó esa observación. Volvimos nuevamente la vista al libro, para seguir asistiendo, con la voluptuosidad intelectual del caso, a las operaciones científicas de los médicos de Molière.

Excitada ya por la reciente percepción, nuestra retina encontrábase en condiciones favorables para descubrir, durante la lectura, que el copo algodonoso se movía, ascendiendo lentamente por la pared. Fijamos de nuevo la vista en el objeto: vímosle ya mucho más alto, después de pocos minutos.

Creímos fuese ilusión óptica, por el agotamiento de una retina fatigada en lecturas excesivas; mas no existiendo motivos para esa duda, ni razones satisfactoriamente explicativas, optamos por desprender el copo de la pared y observarlo detenidamente.

Tal es, por otra parte, la buena línea de conducta ante cualquier hecho difícil de explicar. Y en este caso la observación fué, como siempre, fecunda de provechosas enseñanzas.

Dentro del copo descubrimos un conducto, espeso y resistente, que difícilmente hubiérase adivinado no desprendiendo el copo de la pared; dentro del conducto se alojaba un gusano, el cual, mediante las dos extremidades de su cuerpo, se fijaba a la pared y la recorría, arrastrando consigo su curioso ropaje.

Darwin—presente siempre en nuestro espíritu estudioso—nos dió la explicación del hecho. Ese disfraz servía al animal para escapar a las miradas peligrosas de sus enemigos; la simulación resultaba, para él, un medio simple y excelente de *lucha por la vida*.

La explicación nos satisfizo.

Hubiéramos continuado la lectura de Molière; pero en nuestro cerebro estaban sometidas a la elaboración de la cerebración inconsciente, múltiples cuestiones relativas a los alienados criminales, y, de manera especial, a los delincuentes simuladores de una enfermedad mental.

Los neurones de asociación hicieron lo demás.

Entre el gusano disimulador de su cuerpo bajo un copo de algodón y el delincuente disimulador de su responsabilidad jurídica tras una enfermedad mental, debía lógicamente existir un vínculo: ambos disfrazábanse para defenderse de sus enemigos, siendo la simulación un recurso defensivo en la lucha por la vida.

———

II.—Entre las verdades definitivamente adquiridas por la ciencia e impuestas como guía a los pensadores y estudiosos contemporáneos, hay dos fundamentales, que jamás debiera olvidar quien se aventura en la selva—aún "selvaggia ed aspra e forte", en decir del poeta florentino—de la ciencia: *Determinismo y Evolución*.

Dentro de esos conceptos, cuyo desarrollo hemos ensayado en otros estudios y fuera inoportuno repetir aquí, cimentóse como verdad científica la noción del transformismo biológico y social. Por él conocemos la génesis y sucesión de las formas biológicas como resultado de la acción combinada de la herencia, tendiente a reproducir los caracteres de los antepasados, y la variabilidad, tendiente a crear caracteres nuevos, en armonía con la evolución de las condiciones del medio en que "luchan por la vida" todas las especies vivas. Los fenómenos sociales, además, siguen un proceso constante de transformación, a semejanza de los fenómenos biológicos; la sucesión de las formas de organización social y de las diversas instituciones es presidida, en primer término, aunque no exclusivamente, por la adaptación de los grupos sociales a las transformaciones del doble ambiente natural (cósmico) y artificial (económico).

Esta manera de ver, simple aplicación del concepto evolucionista, tiene su comprobación en las cuatro grandes ramas de los conocimientos humanos. Laplace lo estableció para los fenómenos del mundo cósmico; Lyell, para los fenómenos geológicos; Darwin, para los biológicos; Spencer, para los sociales, que llama superorgánicos. Otros estudiosos confirmaron esa verdad general en grupos fenoménicos parciales.

En esas *series* de fenómenos, cuyo desenvolvimiento es sucesivo e integral, existen vínculos estrechos, fácilmente reconocidos mediante una observación inteligente. Así, por ejemplo, el perfeccionamiento progresivo de las funciones corresponde a una creciente complejidad morfológica y a la mayor división del trabajo en los organismos, conforme se asciende en la serie evolutiva. Por eso es posible descubrir, en cualquiera especie, en forma larvada y rudimentaria, las funciones que alcanzan mayor desenvolvimiento en las que son superiores a ella dentro de la misma serie.

Puede reconstruirse la filogenia de cualquier función de los seres vivos; es decir, encontrar los diversos grados de su integración progresiva a través de cuantas especies la preceden en la evolución de la serie biológica. Las más complejas operaciones psíquicas elaboradas en el cerebro humano, no son sino el perfeccionamiento alcanzado por funciones progresivamente desenvueltas en la serie animal. El "alma" de los metafísicos es un perfeccionamiento de funciones inherentes a la substancia viva, al protoplasma; la memoria, por ejemplo, encuéntrase en formas progresivamente complicadas, desde la amiba hasta el hombre.

Con los fenómenos sociológicos ocurre lo mismo; todas las instituciones sociales tienen su filogenia perfectamente determinable. El sentimiento de solidaridad social, verbigracia, aparece ya en la primera asociación de seres vivos, y evoluciona, integrándose progresivamente, hasta alcanzar sus actuales proporciones, permitiendo inducir que en futuras transformaciones sociales se equipararán todos los individuos ante las condiciones de lucha por la vida, para alcanzar el desenvolvimiento máximo de su propia individualidad. También podría aplicarse a los fenómenos sociales, además de ese concepto de filogenia, el principio determinado para los fenómenos biológicos por Haeckel, según el cual la evolución ontogenética corresponde aproximadamente a la evolución filogenética. Lo saben, a ciencia cierta, cuantos sociólogos, Loria en primera fila, proponen estudiar en el rápido desarrollo de las colonias contemporáneas el lento y progresivo desarrollo ocurrido antes en los pueblos de adelantada civilización.

Pero estos puntos, necesarios de fijar para el desenvolvimiento consecutivo de nuestra tesis, no podemos dilucidarlos aquí con la amplitud deseable. Bástenos mencionar, y nadie la niega,—aun no aceptando la teoría orgánica de las sociedades, enunciada por Spencer—la existencia de cierta analogía, imposible de olvidar, entre las leyes que rigen los fenómenos biológicos y los sociológicos, pudiendo, casi siempre, encontrarse una correlación en el conjunto y las modalidades de unos y otros.

———

III.—Para cuantos saben lo expuesto (saber en sentido relativo, sin olvidar la frase de Grocio: "*Nescire quaedam magna pars sapientiae est*") y para quienes lo acepten, aparece lógico y estrecho el vínculo entre el gusano simulador, aparecido en nuestra retina periférica, mientras leíamos a Molière, y el delincuente simulador de la locura. Para quienes vivieran en el mundo feliz de los Fleurant, los Purgon y los Diaforius, ese vínculo no aparecería jamás.

Evolución, Lucha por la vida, Filogenia, pareceríanles palabras poco científicas y faltas de sentido; el mismo efecto nos produjo un libro escrito en japonés, que tuvimos entre manos: era, sin embargo, un libro importante y condensaba muchos conocimientos. Nuestra la culpa si ignorábamos el japonés.

Idéntico sería el caso de cuantos no vieran el vínculo filogenético, desde la simulación del gusano hasta la del delincuente; la frase es vieja, pero siempre útil: ellos no lo verían, no por ser incierta su existencia, mas porque su falta de amplitud y disciplina científicas les condenaría a una eterna ceguera intelectual.

¡Y, sin embargo, cuántas cosas ve el pavo en la fábula de La Fontaine, donde el mono enseña las proyecciones de la linterna mágica... apagada!...

En nuestro concepto—inexacto, acaso, pero larga e intensamente pensado—el vínculo existe.

Solamente el estudio de la *Simulación*, como fenómeno general, puede dar la ley de conjunto donde se encuadra el fenómeno particular de la *Simulación de la locura*. Idéntico móvil preside, en general, todas las manifestaciones conscientes de la simulación, así como una misma finalidad orienta todas las manifestaciones de la memoria en los seres biológicos, y todas las formas del sentimiento de asociación y solidaridad en la lucha, en las sociedades animales en general y particularmente en las humanas.

La *Simulación en general*, siguiendo las ideas científicas expuestas, debe estudiarse, primeramente, por sus manifestaciones en la serie biológica: sólo después encontraremos sus manifestaciones conscientes bien desarrolladas en la vida superorgánica, en las sociedades humanas.

En éstas hallaremos la clave para estudiar las *simulaciones humanas de toda índole*, unificadas por el mismo propósito de la mejor adaptación del simulador a las condiciones del ambiente donde lucha por la vida. Entre ellas discerniremos, como hecho general, *la simulación de estados patológicos*, una de cuyas formas—la más importante para la psiquiatría y la medicina legal—es la *simulación de la locura en general*.

Sólo entonces estaremos habilitados para estudiar provechosamente *la simulación de la locura por los delincuentes*, en sus relaciones con la psiquiatría, la sociología criminal y la medicina legal.

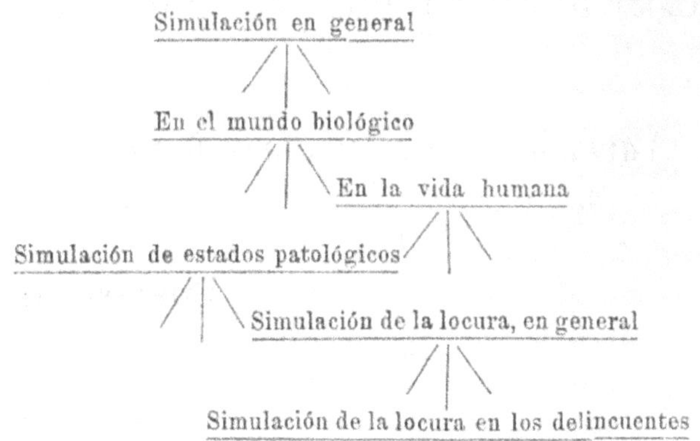

Con otros métodos y por otros caminos considéramos imposible llegar a una comprensión clara de la materia a estudiar, y, *a priori*, predeterminaríamos su insuficiencia.

En suma, el presente ensayo constituye un estudio general de *la simulación como medio de lucha por la vida*, estudiándola desde sus primeras manifestaciones inconscientes, en el mundo biológico, hasta sus complejas modalidades en la vida de los hombres civilizados. Complementando tal estudio intentaremos el análisis de la *psicología de los simuladores*, clasificando las variedades más notables de este grupo, compuesto por individuos en quienes la tendencia a simular constituye el rasgo dominante de su carácter y su medio predilecto de lucha por la vida.

Por fin, determinaremos la *evolución de la simulación en las sociedades humanas*, valiéndonos de las más recientes inducciones de la sociología y usando el más severo método científico.

En su concepto fundamental, y en algunas cuestiones parciales, esta síntesis desea ser novedosa; incompleta o deficiente, es ya fruto de la observación y de estudio asiduo. Si el ensayo no resultara tan convincente como deseamos al escribirlo, podríamos, por lo menos, repetir el verso dirigido a Virgilio por el Alighiero, al reconocerle, en el primer canto de su Infierno:

> *Vagliami il lungo studio ed il grande
> amore.*

Buenos Aires, 1900.

1

SIMULACIÓN Y LUCHA POR LA VIDA

I. La lucha por la vida.—II. Medios ofensivos y defensivos en la lucha por la vida.—III. Aspectos accidentales, instintivos y voluntarios de los fenómenos de simulación.—IV. Su valor como medio de lucha por la vida.—V. Conclusiones.

I.—LA LUCHA POR LA VIDA

En el progresivo desarrollo del pensamiento humano pocas nociones han sido tan fecundas para el conocimiento del hombre y de la sociedad como las derivadas de las ciencias naturales. De crasos errores primitivos, fundados sobre una observación superficial o una escasa experiencia, se ha marchado, gradualmente, a través de errores cada vez más cercanos de la verdad, hacia una comprensión, lenta pero inevitable, de la realidad que impresiona nuestros sentidos. Así lo observamos en todas las ciencias.

Ocurre eso mismo en biología. Cuando Linneo osa

afirmar: *Nulla species novae, species tot sunt diversae quot diversas formas ab initio creavit infinitum ens*, encuentra favorable acogida entre los naturalistas, surgiendo en apoyo de su doctrina los trabajos respetables de Cuvier y de Agassiz. No se podría, ante la doctrina linneana, negar o desconocer que ella señaló una etapa de aproximación a la verdad; baste pensar en las absurdas divagaciones de los antiguos naturalistas, cuya concepción del origen de los seres orgánicos reducíase a la *generatio ex-putredini*, y cuyas nociones sobre la diversidad de las formas se exteriorizaban en la suposición de incongruentes *metamorfosis*.

Mas las ciencias naturales, después de la teoría linneana, tenían un largo sendero que recorrer, antes que el conocimiento del mundo biológico alcanzase la comprensión exacta de la evolución de las formas vivas. Lamarck formuló, por vez primera, la doctrina de la variabilidad de las especies, mostrando la influencia del medio sobre la variación de las formas. Medio siglo más tarde, Darwin cimentó la teoría, incorporándole el fundamental concepto de la lucha por la vida y la consiguiente selección natural. Las obras del segundo, por ser más documentadas, lograron despertar ardientes discusiones entre los estudiosos, y el resultado final fué, en breve transcurso de años, la aceptación del núcleo fundamental de la teoría. De entonces acá, la doctrina de la variabilidad de las especies, o transformismo, ha sido confirmada por todas las ciencias biológicas, sin que la afecten en lo fundamental todas las disputas que le han promovido sus adversarios sobre cuestiones de detalle.

Limitándonos a consignar los hechos e ideas que reputamos base indispensable para nuestra *teoría de la simulación, considerada como medio fraudulento de lucha por la vida*, diremos, brevemente, las líneas generales de la doctrina darwiniana en lo que a esta última se refiere. Siendo ella la premisa que sustenta todo el desenvolvimiento de este ensayo, no será superfluo sintetizarla con claridad, definiendo de manera precisa el punto de partida de nuestras aplicaciones ulteriores.

Los naturalistas admiten, concordemente, que las causas principales de la evolución son tres: la variación, la selección y la herencia. La variación es un resultado de la adaptación al medio, que varía a su vez más o menos lentamente; la selección natural es un resultado de la lucha por la vida y determina la supervivencia de los mejor adaptados; la herencia transmite los caracteres adquiridos y sin ella es inconcebible la evolución de las especies. Aunque sería fácil repetir, de segunda mano, los fundamentos de la teoría de Darwin sobre la lucha por la vida y la selección natural, conviene, para mayor fidelidad, remontar a la fuente de origen, resumiendo en un párrafo las propias expresiones del gran naturalista.

La lucha por la existencia resulta inevitablemente de la rapidez con que todos los seres vivos tienden a multiplicarse. Nace un número de individuos mayor del que puede vivir, y de ello proviene, en cada caso, la lucha por la existencia, ya sea con los individuos de la misma especie, ya con los de especies diferentes, y sometida, en ambos casos, a las condiciones físicas del medio ambiente en que ellos viven. Es la doctrina de Malthus aplicada, en toda su intensidad, a los seres de los reinos animal y vegetal, por no existir entre ellos la aptitud de producir a voluntad los medios de subsistencia, ni otros factores éticos que pueden atenuarla entre los hombres. Obsérvese que la frase "lucha por la existencia" está empleada en sentido general y metafórico, involucrando las relaciones de recíproca dependencia entre los seres organizados, y dos hechos, aun más importantes: la supervivencia de los individuos mejor adaptados y su capacidad para dejar descendientes. Puede afirmarse con seguridad que los animales carnívoros, en tiempo de escasez, luchan entre sí, disputándose los alimentos necesarios para su existencia; también podrá decirse que una planta, en el borde del desierto, lucha por la existencia contra la sequedad, aun cuando fuera más exacto decir que su existencia depende de la humedad; con mayor exactitud diríamos que una planta, al producir anualmente un millón de semillas, de las cuales solamente una consigue desarrollarse y madurar a su vez, lucha con las plantas de la misma especie, o de otras, que ya cubren el suelo. El musgo depende del manzano y de algunos otros árboles; solamente de una manera figurada podrá decirse en este caso que el manzano lucha contra los otros árboles, por hospedar al musgo, pues si un gran número de parásitos se radican sobre un mismo árbol, éste languidece y acaba por morir; pero de muchos musgos que crecen juntos sobre una misma rama y producen semillas, puede decirse que luchan el uno contra el otro. Siendo los pájaros los diseminadores de las semillas de un árbol dado, la existencia de esta especie depende de ellos, y, figuradamente, puede decirse que ese árbol lucha con los demás frutales, pues interesa a cada uno de ellos atraer los pájaros para que coman sus frutos y diseminen de esa manera sus semillas. Empléase, pues, para mayor comodidad, el término "lucha por la existencia" en los diferentes sentidos apuntados, confundiéndose los unos con los otros. ("El Origen de las Especies", cap. III). En esa lucha por la vida, en que se multiplican y se destruyen las más diversas manifestaciones de la existencia orgánica, desde el bacterio y la amiba hasta la encina y el hombre, sucumbe la inmensa mayoría de los gérmenes capaces de generar nuevos individuos. A pocos reserva la Naturaleza el derecho de alcanzar la plenitud del desenvolvimiento biológico y de transmitir sus caracteres a sus descendientes.

Para completar el concepto expuesto por Darwin, acudamos a Wallace, que es fuente autorizada, para comprender de qué manera las diferencias individuales determinan la selección de la especie y la supervivencia de los más aptos, o mejor adaptados. Si todos los individuos de cada especie—dice—fueran completamente semejantes entre sí, podríamos afirmar que la supervivencia sería una cuestión de azar; pero esos individuos no son semejantes. Los vemos diferenciarse, distinguirse de muchas maneras. Algunos son más fuertes, otros más rápidos, otros más astutos, otros de constitución más robusta. Un color obscuro permite a algunos ocultarse fácilmente; una vista penetrante permite a otros descubrir su presa a mayor distancia, o escapar de sus enemigos con más facilidad que sus compañeros. Entre las plantas, las más pequeñas diferencias pueden ser útiles o perjudiciales. No podemos dudar de que, tomando en cuenta lo apuntado, cualquiera variación bienhechora dará a quienes la poseen mayor probabilidad de sobrevivir a la terrible prueba por que deben pasar; alguna parte puede quedar en manos del azar, pero al fin y al cabo, *el más apto sobrevivirá*. ("El Darwinismo", cap. I.)

La selección natural se continúa en la especie por la conservación y la transmisión de los caracteres útiles a cada individuo, según las condiciones del medio que actúa sobre él en los varios períodos de la vida. Todo ser—y éste es el sentido natural de lo que podemos llamar progreso biológico—tiende a perfeccionarse en su adaptación al medio; este perfeccionamiento conduce de una manera natural al progreso de la organización del mayor número de los seres vivientes en el mundo entero. (Darwin, ob. cit., cap. IV).

El origen de las variaciones individuales que permiten la mejor adaptación ha sido objeto de explicaciones diversas, así como el mecanismo de su transmisión hereditaria. La reseña crítica de las doctrinas respectivas sería, por cierto, interesante; mas no son estas páginas la oportunidad para hacerla, no siendo ello indispensable para el objeto especial de nuestra investigación. Baste mencionar, entre otras hipótesis dignas de consideración, las formuladas por los propios Lamarck y Darwin, por Kolliker, Wagner, Naegeli, Weissmann, Mantegazza, y por otros defensores de las modernas escuelas neolamarckiana y neodarwiniana.

En la naturaleza, la variabilidad individual, la herencia de las variaciones mejor adaptadas y la selección en la lucha por la vida, se combinan para determinar la evolución de las especies vivas, según la mayor o menor adaptación de sus caracteres al medio en que viven.

La *variación* fué certeramente definida como el elemento "activo" de la evolución, en cualquier época de la vida actúe, embrión o ser vivo, y de cualquier causa dependa, cósmica o fisiológica. La *herencia*, en cambio, es el elemento "conservador", que permite la acumulación de las variaciones útiles, transmitiendo los caracteres ya probados en la lucha por la vida de individuos que decaen a otros individuos nuevos. La vida de una especie podría compararse a la de un individuo perpetuamente joven, como si el desgaste orgánico por la incesante actividad de la vida se compensara por un proceso de renovación total, que le mantuviese capaz de sostener nuevas luchas y de adquirir nuevas variaciones útiles. La *selección*, elemento "perfeccionador", es un principio de primordial importancia por su universalidad; actúa, de manera constante, para la conservación de las formas y funciones útiles, sean cuales fueren las causas a que se atribuyan las variaciones. Se ha insistido, justamente, en que es erróneo considerar a la selección como causa determinante de la variación; ella sería "el timón de la evolución, mas no su fuerza propulsora".

De lo expuesto recogemos un concepto fundamental: todos los seres vivos luchan por la vida. El hombre, lo mismo que las otras especies, está sometido a ella; las sociedades humanas, lo mismo que las otras sociedades animales. Individuos y naciones, partidos y razas, sectas y escuelas, luchan por la vida entre sí, para conservarse y crecer, para amenguarse y morir. La lucha por la existencia en las sociedades humanas es un hecho innegado, manifestándose con caracteres semejantes a los que reviste en el mundo biológico; tal verdad es igualmente admisible por los creyentes de la doctrina biosociológica de Spencer, para quienes las sociedades humanas son simples superorganismos, como por los que aceptan la primacía de los fenómenos económicos en la constitución social, con o sin la teoría de la lucha de clases, que es uno de los fundamentos del mal llamado "materialismo histórico". En verdad—y oportunamente volveremos sobre ello—la lucha por la vida en la especie humana se modifica, porque ella tiene la posibilidad de producir sus propios medios de subsistencia, subordinando la lucha al incremento de su capacidad productiva; aptitud que, en última instancia, determinará la transformación o atenuación de ciertas formas de lucha por la vida en el porvenir.

No comentaremos, por ahora, la extensión que ha dado De Lanessan al concepto darwiniano de la lucha por la existencia; en el mundo inorgánico, entre los minerales, encuentra que esa lucha existe, entendida, naturalmente, en el *sentido figurado*, atribuídole por el mismo Darwin. Bástenos señalar la evidencia del hecho en el mundo orgánico, en los reinos vegetal y animal.

Sintetizados así, rápidamente, los principios del evolucionismo biológico, dejamos planteado el que nos servirá como punto de partida para el desarrollo de nuestras observaciones: *La lucha por la vida es un fenómeno general en todos los seres vivos.*

II.—MEDIOS OFENSIVOS Y DEFENSIVOS EN LA LUCHA POR LA VIDA

Donde hay vida, hay lucha por la vida. En todos los casos la Naturaleza ha provisto a los seres vivos de medios ofensivos y defensivos útiles para la supervivencia de los mejor adaptados a las condiciones del medio; no siempre son los más fuertes, considerada la fuerza en un sentido mecánico o cuantitativo, sino los más diestros o astutos para substraerse a las infinitas causas destructivas que gravitan sobre los seres vivos, o los más hábiles para proveer a la propia alimentación. En esa lucha, directa o indirectamente combatida, los seres vivos emplean recursos de índole variadísima. Recorriendo la serie evolutiva de las especies animales y vegetales, se ven dos grandes categorías de recursos: los unos a base de fraude, los otros fundados en la violencia.

La intensificación de la lucha por la vida, por el

aumento numérico de los individuos que tienen análogas necesidades, estimula el perfeccionamiento y desarrollo de los medios de lucha. La adquisición de un carácter ventajoso, ofensivo o defensivo, coloca a su poseedor en condiciones favorables para el éxito, asegurando su vida y su reproducción, y transmitiendo, mediante esta última, el nuevo carácter adquirido, que será igualmente provechoso a su descendencia. Y, en efecto, en toda especie viva, los individuos más robustos, más ágiles, más astutos, más prudentes, según las circunstancias especiales en que luchan por la vida, tienen más probabilidades de sobrevivir.

De todos esos medios, usados para la adaptación, algunos son verdaderas armas punzantes, lacerantes, cortantes o contundentes: aguijones, sierras, dientes, probóscides, aparatos eléctricos, etc. En otros casos trátase de recursos defensivos: autotomía evasiva, posiciones o actitudes especiales, defensas químicas, aparatos venenosos, secreciones urticantes o tóxicas. Otras veces es utilísima la fuerza muscular; la agilidad en el ataque y la defensa pueden ser decisivos para el triunfo en la lucha por la vida. Otros seres vivos, animales y vegetales, se asocian con individuos de la misma o de otras especies diferentes, para luchar mancomunados contra peligros comunes; etcétera, etcétera.

El uso de estos medios de lucha tórnase cada vez más complejo a medida que las especies adquieren una estructura orgánica complicada. En el reino animal, las funciones biofilácticas, o defensivas de la vida, se acompañan de un desenvolvimiento psíquico progresivo, mejor acentuado desde que aparece un sistema nervioso encargado de regir la unidad del ser vivo, su individualidad. Culmina este desenvolvimiento en la especie humana, que por su estructura cerebral y sus funciones mentales está colocada en el término del *phylum* más evolucionado de los vertebrados; esa circunstancia hace que en el hombre los medios de lucha por la vida sean más complejos que en las demás especies animales, pues su inteligencia le ha permitido reforzar los deficientes, suplir los ineficaces e imaginar medios artificiales de aumentar su propia capacidad ofensiva y defensiva. Limitados sus medios físicos de lucha por la dimensión de su organismo, por su sistema óseo y muscular, por su resistencia a la fatiga, ha centuplicado su fuerza oponiendo la inteligencia a los seres enemigos que pueblan el ambiente; pero al mismo tiempo, en la lucha entre hombre y hombre, entre sociedad y sociedad, ha perfeccionado casi ilimitadamente sus medios de lucha mediante la mentira y el fraude, la astucia y la simulación.

En ninguna otra especie animal se presenta bajo más múltiples aspectos la lucha por la vida; sólo en el hombre los medios de lucha llegan a ser un producto casi puramente intelectual. Y, como es fácil de comprender, la violencia física personal sigue siendo lo esencial en la lucha entre los salvajes, entre los niños y entre las personas incultas, a la vez que los medios de lucha se tornan más intelectuales en las sociedades civilizadas, en los adultos y en las personas cultas. Se produce, en otras palabras, una evolución que tiende a hacer primar las aptitudes mentales sobre las aptitudes físicas.

Cerremos este parágrafo, cuyo minucioso análisis pudiera prolongarse indefinidamente, afirmando que: *todos los seres que luchan por la vida poseen medios ofensivos y defensivos adaptados a las contingencias habituales de la lucha.*

III.—ASPECTOS ACCIDENTALES, INSTINTIVOS Y VOLUNTARIOS DE LOS FENÓMENOS DE SIMULACIÓN

Cada medio de lucha alcanza desigual difusión en las diversas especies vivas; algunos están generalizados, otros son patrimonio de pocas especies. Aquí predominan los medios fundados en la violencia; allá los que se asemejan al fraude. La posibilidad de este último implica cierto desenvolvimiento mental y aumenta en proporción a él; por eso lo observamos especialmente en el hombre, y al apreciarlo en otras especies animales usamos palabras cuyo valor originario es esencialmente humano.

Dentro del *fraude*, que es un término genérico, podemos distinguir diversas formas fundamentales, diferenciadas, aunque vinculadas entre sí por formas intermediarias. La simulación y la mentira son ramas nacidas del tronco común del engaño, de la astucia, en abierta oposición con la violencia. Sin embargo, pueden diferenciarse sus manifestaciones.

La *mentira*—estudiada en sus grandes manifestaciones sociales por Nordau—es una forma de fraude exteriorizado mediante el lenguaje; la mentira se dice, no se hace. Los diccionarios académicos definen la mentira: "expresión o manifestación contraria a lo que se sabe, cree o piensa"; y el verbo mentir: "decir o manifestar lo contrario de lo que se sabe, cree o piensa". Indúcese, claramente, y así el uso lo consagra, que la mentira es, en suma, una forma de fraude exteriorizada mediante las diversas formas del lenguaje, hablado o escrito.

Antes de definir la simulación conviene que la distingamos también de la *imitación*, cuya importancia en la evolución de los agregados sociales estudió agudamente Tarde. Ella consiste en hacer algo a semejanza de lo imitado, que sirve de modelo. Las mismas Academias dicen textualmente del verbo imitar: "ejecutar una cosa a ejemplo o semejanza de otra". La imitación se refiere al hecho en sí mismo, en su realidad: imitar una buena o mala acción significa hacer otra realmente buena o mala.

Cuando no se ejecuta a semejanza de otra, pero se finge hacerlo, hay *simulación*, fenómeno cuyas manifestaciones estudiaremos en este ensayo. El diccionario académico explica con demasiada pobreza este vocablo: "acción de simular". De este verbo solamente dice: "representar una cosa, fingiendo o imitando lo que no es". En la voz "fingimiento" léese: "simulación, engaño o apariencia con que se intenta hacer que una cosa parezca diversa de lo que es". Definiciones imperfectas, todas ellas. Convendría decir, de manera general, que en la simulación: *las apariencias exteriores de una cosa o acción, hacen confundirla con otra, sin que efectivamente le equivalga*. El actor dramático que desempeña en la escena un papel de homicida—Otelo, pongamos por caso,—no imita a Otelo, pues ello significaría dar muerte a la actriz que hace de Desdémona; el actor *simula* matar. Sólo si matara de verdad, sería *imitador* del personaje que representa; el que imita una acción ajena, buena o mala, no simula; no aparenta hacerla, la hace en realidad.

Creemos que ese breve ejemplo, sencillo para mayor claridad, basta para poner de relieve la diferencia entre imitación y simulación, entre el *hecho real* de la una y la *simple apariencia* de la otra. Pero en la observación corriente suelen transgredirse esas distinciones, por no existir una línea divisoria que separe de manera absoluta lo uno de lo otro.

Partiendo de esta definición entremos a nuestro tema.

Las múltiples formas de *simulación* pueden escalonarse en diversos grupos, según se las estudie en sus diversas fases, de las más sencillas hasta las más complicadas; fácil es advertir sus cambios a través de lo que podríamos llamar su "filogenia". En sus manifestaciones simples y primitivas preséntase como un fenómeno accidental: una apariencia útil, un parecido benéfico; la vemos, después, revestirse de formas progresivamente complejas: una apariencia que protege de manera estable y general; y ser, por fin, voluntaria y consciente: deliberadamente ejecutada para beneficiarse en la lucha por la vida.

En los fenómenos del mundo inorgánico las simulaciones son casuales, careciendo de valor selectivo. La lucha por la vida sólo existe allí por la analogía con la lucha propia de los seres organizados, y en sentido *metafórico*; la simulación no puede ser, en manera alguna, un medio habitual de lucha por la vida. En esas manifestaciones inferiores, la simulación es un accidente y la palabra que lo denomina pierde todo sentido psicológico, pues el hecho es *involuntario e inconsciente*; no podría ser de otro modo, produciéndose en cosas que carecen de conciencia y de voluntad. Inútil sería insistir sobre la verosimilitud de las diversas hipótesis panpsiquistas y los ensayos de psicología atomística que pretenderían dar psiquis y conciencia a todo lo existente; esos juegos de palabras son posibles llamando psiquis y conciencia a cosas que no lo son, y quitando a esos vocablos su significación psicológica, perfectamente determinada; los bonitos poemas filosóficos a que nos referimos carecen de fundamentos que permitan elevarlos a la dignidad de teorías científicas.

También suelen ser *inconscientes e involuntarios* los fenómenos de simulación observables en los seres vivos menos evolucionados; así se la encuentra en los vegetales. Conviene, sin embargo, señalar que ese mimetismo vegetal puede tener una influencia *selectiva* en la supervivencia de los mejor adaptados a las condiciones de la lucha por la existencia. No admitimos que la simulación pueda ser consciente y voluntaria en los vegetales, por no observarse en ellos fenómenos revestidos de esos caracteres, aunque teóricamente el hecho pudiera admitirse como posibilidad. Son conocidas las importantes discusiones sobre la sensibilidad e inteligencia de los vegetales, fundadas en observaciones del mismo Darwin, que concedía a la radícula de los vegetales la propiedad de sentir, discernir y elegir.

En principio, si las funciones psíquicas existen ya, aunque en forma elemental, en los más ínfimos organismos vivientes, como funciones propias de la sustancia viva elemental, del protoplasma, no hay motivo para negar a los vegetales—evolucionados desde formas simples, en que los protofitos y los protozoos tuvieron probablemente un origen común—funciones psíquicas elementales, no desarrolladas por ser innecesarias a la forma especial de evolución que caracteriza al reino vegetal. Y es bien claro que "funciones psíquicas" no equivale a funciones conscientes o voluntarias.

Se explica que, arrancando de estas ideas, seriamente discutibles, un gran imaginativo, Augusto Strindberg, formulara sus experimentos destinados a establecer la existencia de funciones nerviosas y psíquicas en los vegetales.

La simulación determina en el reino animal importantísimas selecciones, realizadas mediante fenómenos de homocromía (semejanzas de color) y de homotipía (semejanzas de forma), que en conjunto constituyen el *mimetismo*. Muchas veces éstos tienen carácter consciente, aun siendo *involuntarios*. Solamente en pocos casos pueden calificarse de *conscientes* y *voluntarios*; entonces representan un medio de lucha por la vida *elegido* por el animal, que lo considera el más ventajoso de cuantos puede utilizar.

Entre los hombres agregados en grupos sociales, vivientes en sociedad, la simulación es frecuentísima como fenómeno *consciente* y *voluntario*.

Este doble carácter permite simulaciones cuyos resultados pueden invertir la selección natural; gracias a ésa y a otras formas de fraude, tórnase posible la supervivencia de individuos inferiores, débiles y degenerados de toda clase, supervivencia bien descrita por Sergi; es el fenómeno que, actualmente, en sociología, suele llamarse de selección invertida, "à rebours".

Las simulaciones en la sociedad humana y la psicología de los hombres simuladores, constituyen el tema propio de este ensayo; insistir sobre ellas sería anticiparnos.

Antes de penetrar a ese mundo de ficción y de mentira, en que todos, buenos y malos, se ven obligados a simular, aunque más los malos que los buenos, detengámonos en una explicación no superflua. Al exponer la doctrina de la "lucha por la vida", dijimos que debía entenderse *en sentido figurado*, como expresamente lo manifestó Darwin al enunciarla. De igual manera hablando de *simulación como medio de lucha por la vida*, conservamos a la frase su originario sentido figurado; de otra manera, en sentido literal, sólo podría hablarse de lucha y de simulación al referirse a fenómenos humanos, que fuesen *conscientes* y *voluntarios*. Lucha y simulación son, en efecto, palabras que se refieren a la conducta humana; por extensión aplica Darwin la una, y por extensión aplicaremos aquí la otra, sin pretender que todas las formas de simulación deban ser iguales a las usadas por el hombre fraudulento que engaña a sus semejantes.

Los fenómenos de simulación solamente revisten caracteres de conciencia y voluntariedad cuando la lucha por la vida llega a ser consciente y voluntaria. Existe, pues, cierto paralelismo entre los caracteres de la lucha y los medios en ella usados; hay una creciente complejidad en los fenómenos de simulación, partiendo de los accidentales hasta llegar a los voluntarios.

Conviene antes de terminar decir dos palabras sobre una cuestión accesoria a primera vista, pero de indudable utilidad antes de entrar al análisis de la simulación en la lucha por la vida, pues nos permitirá reforzar la serie de fenómenos que estudiamos, evidenciando más su difusión en la naturaleza y en la vida social.

Entre simular y disimular no existe, en realidad, ninguna diferencia*, y menos el antagonismo que podría sospechar quien se atuviera a la forma aparente de ambas palabras. Y decimos aparente, pues en casi todos los léxicos disimular corresponde aproximadamente a simular, aun haciéndose entre ambos vocablos algún distingo de poco valor. Simular: "arte usada con astucia por el hombre a fin de mostrar, en

---

* Nos complace ver confirmada esta opinión por Penta "La simulazione e la dissimulazione nascono sullo stesso ceppo e sono in fondo la stessa cosa"; y por Paulhan, en la "Revue Philosophique", estudiando el rol de la simulación en el carácter del falso impasible y del falso sensible. (Nota de la 3.ª edición).

los actos y en las palabras, todo lo contrario de lo que se tiene en el espíritu, sea en bien o en mal". Disimular: "arte, estudio de esconder el pensamiento propio o algún propósito. Simular. Ficción".

No existe, pues, diferencia ni contradicción alguna entre esos términos; a lo sumo, podrá especificarse que el individuo simula lo que no es, no tiene o no hace, y disimula lo que es, tiene o hace.

Pero considerándolos en relación con la lucha por la existencia, su significado es el mismo: el que simula y el que disimula tratan de ponerse en las mejores condiciones de lucha por la vida, dado el ambiente en que actúan.

Por otra parte, observando los hechos, fácil es advertir que muchas de las llamadas disimulaciones son simples simulaciones de las cualidades contrarias a las disimuladas, y viceversa. El enfermo que disimula su enfermedad para obtener una póliza de seguro sobre la vida, simula en realidad un estado de salud. El zorro que finge dormir para sorprender mejor a su presa, disimula su expectativa y simula el sueño. La libélula que cierra las alas y se posa sobre el verde tallo de una planta, confundida con una hoja cuya forma y color se parecen a los de su cuerpo, buscando no ser vista por sus enemigos, simula ser hoja al mismo tiempo que disimula ser mariposa. El político oportunista que se entusiasma ante los electores, defendiendo doctrinas que en lo íntimo de su caletre considera absurdas, simula las opiniones defendidas y disimula las que profesa.

Para evitar mayor tedio, no proseguimos la enumeración de casos análogos a los citados; ello sería ya innecesario, dada la evidencia del hecho que prueban: la identidad de objeto y de significado entre la simulación y la disimulación como medios de lucha por la vida.

IV.—SU VALOR COMO MEDIO DE LUCHA POR LA VIDA

Los fenómenos de simulación han sido cuidadosamente observados en los animales, gracias a su misma difusión; sin embargo, no han sido todavía bien coordinados, ni se ha dado de ellos una clasificación definitiva.

Si se para mientes en que los diversos aspectos de la actividad humana se encuentran como funciones elementales en la evolución de las especies vivas más simples que el hombre, se comprenderá la importancia que tiene para nosotros el estudio del mimetismo, en sus diversas formas. Ellas nos muestran los primeros esbozos del fenómeno que en el hombre es ya complejo, permitiéndonos rastrear los orígenes y reconstruir la filogenia de la simulación en general.

Los naturalistas que estudiaron el valor de los caracteres cromáticos de los animales para la conservación de la especie, han observado la frecuente homogeneidad de su color con el del ambiente en que viven. Algunos crustáceos, por ejemplo, son rojos cuando viven sobre un alga roja y verdes si el alga es de este color. Los gusanos que frecuentan las hojas verdes tienen este mismo color, circunstancia que los hace difícilmente visibles.

¿Quién no ha descubierto, y acaso aplastado en su niñez, algunas de las orugas que suelen visitar nuestras vides? Otros insectos, por su forma, parécense a los objetos del ambiente en que viven. Entre las mariposas, el hecho va más lejos: algunas especies comestibles poseen los colores y dibujos característicos de otras, protegidas de la gula ornitológica por su mal gusto y olor. Un animal que simula las formas y el color de otro muy temido, encuentra en ello una defensa; otro simula el aspecto de animales notoriamente inofensivos, para ir—lobo bajo piel de cordero—hacia su presa, sin espantarla al mover la ofensiva. Otros, reconocidamente nocivos para los insectívoros, están protegidos por colores vistosos, llamados "premonitorios", que alejan a cuantos enemigos pudieran, por error, perjudicarlos, si no les reconocieran a tiempo. Los hay, por fin, que enmascaran su cuerpo, cubriéndose de objetos o substancias que los disimulan a las miradas de sus enemigos.

Este conjunto de fenómenos, estudiado y subdividido por los naturalistas en varias categorías, es objeto de controversia en cuanto a su origen. Pero hay en ellos algo común que ya nadie discute; es su función misma; siempre se trata de un hecho que es útil al disimulador en la lucha por la vida. Éste es el rasgo indiscutido, designándose el conjunto de estos hechos con el nombre de mimetismo. Algunos naturalistas reservan este nombre para las simulaciones combinadas, de forma y color al mismo tiempo, dando el nombre de homocromía a los fenómenos de simple adaptación al color del ambiente; en ese caso, sería más exacto llamar homotipía al mimetismo propiamente dicho.

Dejando para el capítulo siguiente el examen de la simulación en el mundo biológico, nos limitaremos a fijar un criterio, surgido de la observación, cuya importancia consideramos decisiva, aunque hasta ahora no se haya señalado debidamente: *la utilidad de la simulación para el simulador, ya se trate de un fenómeno instintivo (de la especie) o consciente y voluntario (del individuo).*

Conviene advertir que la utilidad de la simulación, como medio de lucha por la vida, no es exclusiva de los animales, ni siquiera de los seres vivos.

Supuesto que se admite en el mundo inorgánico la lucha por la existencia—en el sentido metafórico de Darwin, ampliamente aplicado por De Lanessan,—podemos inducir que allí también se encuentran medios de lucha que implican lo que en lenguaje humano se llama fraude.

A primera vista, una observación superficial podría encontrar absurda la pretensión de rastrear el mimetismo en la lucha por la existencia del mundo inorgánico. Esto débese, máximamente, a que se tiene la idea de que sólo podemos referirnos a una simulación o un mimetismo consciente y voluntario, tal como en el hombre se presenta; bastarán, empero, un par de ejemplos para evidenciar la exactitud de nuestra inducción analógica.

Todo lo que existe en el universo lucha por la existencia, en el sentido de estar expuesto a un número mayor o menor de causas destructivas, y poseer más o menos condiciones de resistencia a esas causas. (Sobre esto ilustran, especialmente, De Lanessan y Thoulet, en sus originales estudios). Cada piedra, cada capa geológica, cada roca, encuéntrase en lucha contra mil causas destructivas; si triunfa de ellas, sobreviviendo a su acción destructora, puede decírsela triunfante en la lucha, precisamente porque es mayor su adaptación y su resistencia a las condiciones del medio. Inferiores a ella son aquellas rocas o piedras que no pueden resistir a las causas destructivas y desaparecen; éstas, en el metafórico lenguaje adoptado, son vencidas en la lucha por la existencia.

Entendida así la lucha, que es verdaderamente "universal" en la acepción más rigurosa del término, es fácil observar casos de *falsa apariencia* que equivalen a simulaciones útiles en la lucha por la existencia; veamos dos ejemplos, fáciles de multiplicar, sin duda.

Remontémonos a la edad de la piedra. Un hombre busca una piedra para convertirla en mazo o en hacha; la encuentra, recógela y acto continuo la transforma en objeto de uso personal; podemos decir, perfectamente, en el sentido adoptado, que esa piedra es vencida en la lucha por la existencia, habiendo terminado su estado natural como producto geológico, individualizado por una forma y un volumen determinados.—Supongamos por un instante que esa piedra, por uno de mil accidentes posibles, encontrárase cubierta de limo, o hubiese germinado sobre su superficie una capa de musgo; el hombre habría seguido su camino, no reconociendo bajo el disfraz del limo o del musgo la piedra buscada. Diríamos, en tal caso, que la piedra ha triunfado en la lucha por la existencia, gracias a una apariencia exterior que le ha servido como medio defensivo contra el instinto utilitario del hombre.

Transportémonos en pleno siglo veinte. Un campesino se interesa por cavar un pozo artesiano. Sabe que cierta capa de tierra, X, es fácilmente perforable, no ignorando las dificultades que rodean la excavación de cierta roca, Z.—Encuentra junto a su casa una capa de tierra X y cava su pozo; la capa ha perdido su integridad geológica y, en sentido metafórico, ha sido vencida en la lucha por la existencia. Mas si por una de tantas causas posibles, el aspecto exterior y visible de la capa de tierra X fuese igual al de la roca Z, el campesino respetaría su integridad, buscando en otro sitio la vía de menor resistencia para cavar su pozo. En tal caso, diríamos que la capa de tierra X ha triunfado en la lucha: su existencia ha sido protegida por un fenómeno de simulación.

Debemos repetir, en verdad, que está muy lejos de nuestra intención el propósito de atribuir a estas apariencias útiles, propias del mundo inorgánico, ningún valor selectivo; sería una exageración no disculpable por el deseo de aquilatar la tesis sostenida. Queremos, tan sólo, establecer las dos proposiciones siguientes: admitida en sentido metafórico una lucha por la existencia entre los inorgánicos, puede encontrarse entre ellos fenómenos que, en el mismo sentido, podemos asimilarlos a los que constituyen la simulación; y cuando existen, pueden ser un medio de lucha por la existencia e influir sobre sus resultados próximos o remotos.

Pasando al reino vegetal, encontramos un panorama diverso; aquí la lucha y la selección obedecen a condiciones más similares a las que dominan en el mundo animal, además de estar recíprocamente condicionada la vida de las faunas y de las floras. Encuéntranse, en efecto, coloraciones de protección y mimetismos de formas de otras especies mejor protegidas, etc.

Las plantas luchan contra el ambiente físico en que viven. Luchan con el reino mineral, sustrayendo al suelo una parte de sus propios elementos; luchan contra los animales que se nutren de ellas y algunas veces les sirven de alimento, como enseña Darwin en su magnífica monografía sobre las plantas carnívoras; y, por fin, luchan entre sí, como resultado de la desproporción entre el excesivo número de gérmenes y los limitados medios de desarrollo y nutrición.

Para esas luchas, la naturaleza ha dotado a las plantas de numerosos medios defensivos: espinas, venenos, aguijones, olores pestilenciales, y más que todo

—compensando la deficiencia de los otros medios defensivos—su extraordinaria fecundidad reproductora. No deberá, por eso, creerse que las plantas carecen en absoluto de medios ofensivos análogos a los que en los animales llamamos astutos: muchos podrían catalogarse, a no mediar el ejemplo significativo de las plantas carnívoras, trampas no superadas, en perfección y delicadeza, por el engaño humano.

Limitándonos a las observaciones más significativas, determinaremos el valor de los fenómenos de simulación en la lucha por la vida del reino vegetal.

Numerosas plantas son respetadas por sus enemigos, los animales, porque sus caracteres externos se asemejan a los de otras especies no comestibles. En algunas, cuyas semillas prodúcense en corto número, la superficie de éstas es verdosa, por cuyo motivo los pájaros no pueden verlas cuando yacen caídas entre el césped; de esa disimulación depende la vida de la especie. Hay, en cambio, otras semillas, y no pocas, cuya actividad germinativa aumenta atravesando el tubo digestivo de los pájaros que las ingieren, pues disuelven su cutícula en las secreciones propias del aparato digestivo; estas semillas poseen exterioridades atrayentes, colores vivos, equivalentes a la coloración protectora de los animales. Pero en la naturaleza van más lejos estas formas de homocromía útil, semejantes al mimetismo propiamente dicho. Algunas plantas, cuya vida peligraría si inoportunos insectos vinieran a visitar sus flores, salvan ese peligro porque la forma y el color de sus corolas es semejante al de otras flores desagradables o nocivas para los insectos; es un mimetismo de especie a especie, tan protectivo como el que se observa entre los animales.

Ascendiendo a un orden de fenómenos en que es más compleja la manifestación de las luchas vitales, encontramos una riquísima serie de hechos en que la simulación desempeña un papel importante de defensa u ofensa para las plantas. A diario, verbigracia, muchos árboles fácilmente explotables, ya por la facilidad de cortarlos, ya por sus numerosas aplicaciones, son respetados por el hacha del leñador ignorante, sólo por simular sus exterioridades el color y las formas de otros árboles difícilmente explotables como materia prima: es un caso de mimetismo protector. Larga sería la serie de ejemplos que pudiera acumularse de mimetismo vegetal; sobran los enumerados para afirmar que esos fenómenos análogos a los de simulación son un medio de lucha por la vida, al que deben su defensa muchas especies vegetales.

Pasando por alto el mimetismo en las especies del reino animal—que estudiaremos en capítulo especial —vamos a señalar brevemente la posición del problema en el mundo social, en las sociedades humanas. También en ellas domina la lucha por la existencia, aunque se presente atenuada, como dijimos, por la capacidad de reproducir artificialmente sus propios medios de subsistencia.

Y a este propósito, podría enunciarse el siguiente principio: a cada perfeccionamiento de los medios de producción debería corresponder una atenuación de la lucha por la vida entre los hombres.

Es, precisamente, esa verdad la que determina la inexactitud de la ley de Malthus, cuando se la aplica a nuestra especie. Todo, en cambio, induce a creer que las sociedades humanas, en su desarrollo progresivo, irán acrecentando la solidaridad entre sus componentes. Si se abarca, en efecto, la evolución social en una mirada sintética, se advierte que la asociación para la lucha va sustituyendo entre los hombres al antagonismo en la lucha; al propio tiempo, la utilidad colectiva, representada por la "lucha contra la naturaleza", va elevando la capacidad productiva social, de manera que satisfaga las necesidades de un número cada vez mayor de individuos. Niveladas las condiciones sociales de lucha por la vida, la selección será verdaderamente natural, entre los hombres, sobreviviendo los realmente superiores y no los que, independientemente de sus aptitudes personales, se encuentran favorecidos de antemano en la lucha: tal selección, nefasta, es posible en la actualidad, con serio perjuicio para el porvenir de la especie.

Aunque se va operando esa progresiva atenuación, la lucha por la vida ha existido, existe y existirá entre los hombres. Las formas y los medios de la lucha modifícanse día a día, pues ellos no están excluidos de la evolución universal. La tendencia parece ya definida; los medios primitivos de lucha son, principalmente, violentos; se atenúan en los grupos sociales más organizados, en los que va dominando progresivamente la lucha de tipo fraudulento.

Profundizando esta cuestión, encuéntrase, en todas las formas de lucha por la vida, una estricta correlación entre el desarrollo ético y los medios predominantes en la lucha por la vida. A la mayor reacción instintiva del psiquismo inferior corresponde siempre una mayor violencia; a la mayor cerebralidad superior, interpuesta entre el excitante y la reacción, corresponden formas cada vez más complicadas de fraude. La astucia no es una característica de imbéciles o tontos, ni reina entre los escombros mentales del derrumbamiento demencial; florece más bien en las esferas políticas y en los conciliábulos doctorales, siendo un triste privilegio de las personas que por el simple hecho de ser más hipócritas se consideran mejor educadas.

Siendo la simulación un medio astuto de lucha por la vida, se comprende que ha debido seguir un desarrollo progresivo, ascendente, en los pueblos civilizados. Y la civilización—que Edward Charpenter considera, alegando sutiles razones, una verdadera enfermedad de la sociedad humana—preséntase al observador como un terreno fecundo para el desarrollo de las más variadas simulaciones.

La organización social presente no señala, empero, el término de la evolución social; el porvenir está lleno de nuevos progresos, pues ningún hecho impide creer en el advenimiento de otras formas sociales después del presente período de la civilización capitalista. Cuando nuevos regímenes de organización social, surgidos de la intensificación de la capacidad productiva del hombre, atenúen la lucha entre los grupos y entre los individuos, la simulación, como todos los medios de lucha, se atenuará progresivamente, perdiendo su utilidad. Con esta visión optimista del progreso social, creemos que los hombres se alejarán de la mentira y de la simulación a medida que el advenimiento de una moral experimental les permita acercarse a la veracidad y a la sinceridad...

Después de examinar la simulación entre los animales, estudiaremos en sus diversos aspectos la simulación entre los hombres como medio de lucha por la vida.

V.—CONCLUSIONES

Donde hay vida hay "lucha por la vida", concepto que debe entenderse en el sentido amplio y figurado que le atribuyó Darwin. Para esa lucha todas las especies vivientes poseen medios especiales de protección o de ofensa, que adquieren un valor psicológico cada vez más explícito desde las especies inferiores hasta el hombre. Los primitivos medios de lucha son violentos y se complementan progresivamente con medios fraudulentos; entre éstos, uno de los más importantes en la especie humana, es la simulación. En todas sus manifestaciones la simulación es útil en la lucha por la vida y se presenta como un resultado de la adaptación a condiciones propias del medio en que la lucha se desenvuelve.

2

LA SIMULACIÓN EN EL MUNDO BIOLÓGICO

I. Generalidad de estos fenómenos en el mundo animal.—II. Sus grupos fundamentales.—III. Homocromía: permanente, variable y voluntaria.—IV. Mimetismo: permanente, variable y voluntario.—V. Mimetismo entre las especies animales: permanente, variable y voluntario.—VI. Simulaciones en función individual.—VII. Utilidad de estos fenómenos en la lucha por la vida.—VIII. Teorías propuestas para explicarlos.—IX. Conclusiones.

I.—GENERALIDAD DE ESTOS FENÓMENOS EN EL MUNDO ANIMAL

La simulación en los animales, representada por falsas apariencias, equivalentes a lo que en el hombre suele llamarse fraude o astucia, llena sin duda una de las páginas más interesantes escritas por los naturalistas. En la incesante evolución de todo lo que vive suele alcanzar la naturaleza expresiones magníficas de belleza, suscitando una admiración tan intensa como los mismos productos del arte humano.

Harmonías de colores y de matices, singularidades imprevistas de líneas y de formas, sorprendentes flexibilidades de funciones, súmanse para adaptar los organismos a las condiciones de vida que les son más favorables, produciendo sutiles y engañadoras ficciones que honrarían a un artífice ingenioso; todo ello constituye un rico filón de fenómenos sometidos a la observación del hombre de ciencia que contempla el mundo de las especies vivas. Ellas son los términos de las series en que los organismos elementales, complicando sus formas y sus funciones, han evolucionado a través de etapas multiseculares, hasta transformarse en la fauna actual, de que forma parte la especie humana.

Justo es que antes de estudiar las múltiples formas de simulación usadas por el hombre para luchar por la vida dentro de la sociedad, miremos un momento los fenómenos similares que se observan en las especies animales. Todos no tienen su misma significación psicológica; algunos carecen de ella por completo. Pero entre uno y otro extremo, entre el insecto que se asemeja a otro como simple resultado de la selección natural y el orador desvergonzado que finge las pasiones más caras a su auditorio, existe una serie gradual de hechos que muestran la relación entre lo accidental y lo consciente, entre lo instintivo y lo voluntario.

Nuestro estudio del interesante tema biológico es fruto, en parte, de observaciones directas; mas para su desarrollo global hemos analizado las descripciones de los naturalistas, en cuyo vasto material intentamos proyectar una mirada de conjunto. Procurando sistematizar los fenómenos estudiados, ensayamos una tarea no estéril; no obstante las bellas páginas de Wallace, ellos esperaban ser clasificados y explicados conforme a un criterio común. El conocimiento amplio de la bibliografía permite, en temas de esta índole, coordinar de manera precisa la labor de los investigadores, aclarando y haciendo comprensibles los hechos y explicaciones que, vistos en diseminado desorden, aparecen confusos e incoordinados.

Una reseña sintética, que sea, a la vez, un esfuerzo de sistematización, es siempre útil para los naturalistas y los biólogos. Ver ordenado metódicamente un conjunto de hechos dispersos, es de provecho para los estudiosos. Por nuestra parte, procuraremos obtener el poderoso argumento de los hechos en favor de nuestras inducciones acerca del valor de la simulación como medio de lucha por la vida.

No creemos aventurado afirmar que los fenómenos de simulación representan uno de los medios de lucha por la vida, ofensivos y defensivos, más generalizados en la serie animal; su difusión e importancia no es comparable, sin embargo, con la de los medios violentos. Como sólo estudiamos los fenómenos en conjunto, quien quiera analizarlos y observar su desarrollo progresivo, puede ocurrir a la interesante monografía en que Cuénot estudia los medios de defensa en los animales.

Para dar unidad a las ideas expuestas en este capítulo y a las observaciones en él reunidas, diremos que, en general, hay simulación, o mimetismo, toda vez que un animal, mediante la adaptación de sus caracteres exteriores a los seres y cosas del medio en que actúa—ya por la forma: homotipía; ya por el color: homocromía,—se beneficia en la lucha por la vida contra sus enemigos, contra sus presas, o contra el medio ambiente.

Así interpretados, en su más lato sentido, esos fenómenos de simulación—cuya finalidad en la lucha por la vida es siempre la misma,—son numerosos y complejos; sin embargo, es posible unificarlos, encarándolos desde el punto de vista de su rol biológico, pues *todos desempeñan una función útil en la lucha por la vida**.

II.—SUS GRUPOS FUNDAMENTALES

Antes de ocuparnos detenidamente de esos fenómenos, debemos señalar que examinando las investigaciones de los naturalistas, pueden fijarse varias modalidades bien definidas; ello permite intentar una ordenación general, agrupándolos en categorías bien diferenciadas por su valor psicológico, y caracterizadas por modalidades fundamentales diversas.

1.º. En algunos casos se encuentra una simple homogeneidad de color entre el animal y el medio en que vive; homogeneidad que lo disimula más o menos completamente. Es involuntaria y resulta de la

---

* En su recientísimo "Tratado de Biología", (Junio, 1903, París), dice Le Dantec, concordando con nuestras ideas:

"Parmi les phénomènes de variation observés sur les diverses espèces, quelques-uns sont particulièrement favorables á la discussion des théories darwiniennes et lamarckiennes; ce sont les faits de *mimétisme*, c'est-á-dire de *ressemblance* entre les animaux et d'autres objets.

"Donc, dans tous ces cas si différents, le caractère *d'utilité* est manifeste, et par conséquent l'explication darwinienne du mimétisme est admissible. Il n'y a pas de doute que les individus, doués d'un mimétisme très parfait, sont avantagés par rapport aux autres, et que par conséquent la sélection naturelle doit conserver les ressemblances si elles sont acquises une première fois par hasard". En esos párrafos sintetiza Le Dantec las interesantes observaciones que formulara, sobre esta cuestión, en su libro anterior, "*Lamarckiens et Darwiniens*", París, 1899. (Nota de la 3.ª edición).

selección de los mejor adaptados al ambiente: *homocromía involuntaria, de origen selectivo*.

2.º. Otras veces esa homogeneidad de color, entre el animal y su medio, es buscada y completamente voluntaria, resultando de la emigración activa del animal a un medio homocromo, donde pasa desapercibido, siéndole más fácil la lucha por la vida: *homocromía involuntaria, con fines protectivos*.

3.º. Los animales tienen el color y la forma de otros que gozan de alguna ventaja en la lucha por la vida, beneficiándose de esa semejanza que los protege como a la especie simulada, favoreciéndolos en la selección natural: *mimetismo involuntario, de origen selectivo*.

4.º. Los animales simulan activamente los caracteres externos de otras especies u objetos, ya mediante procedimientos fisiológicos aun poco conocidos, ya cubriéndose con cuerpos extraños para disimularse: *mimetismo voluntario, con fines protectivos*.

Esta agrupación en cuatro categorías nos parece más cómoda que las divisiones que hacen algunos autores; y es la única que nos interesa, por cuanto ella separa los casos en que el mimetismo es un resultado de la selección, de los otros en que el animal lo realiza voluntariamente. Aunque imperfecta, pues algunos fenómenos no pueden ubicarse con precisión en una u otra categoría, permitirá exponer los hechos con relativa claridad, y *fijar su importancia psicológica*, lo cual, hasta ahora, ha preocupado poco a los naturalistas. Consideramos esencial la diferenciación de los tipos fundamentales en grupos selectivos y voluntarios; más adelante se verá su importancia para el desarrollo de nuestra interpretación general de la simulación.

III.—HOMOCROMÍA: PERMANENTE, VARIABLE Y VOLUNTARIA

Lamarck, primero, y más tarde Darwin, observaron y comentaron los fenómenos de homocromía, sintetizables en este hecho general: los animales están disimulados a la vista de sus enemigos, o de sus presas por la semejanza entre su color propio y la coloración del medio en que viven. Los ejemplos son numerosísimos.

El color de los animales no es un resultado caprichoso del *fiat* creador, como suponían los divagadores metafísicos, ni un objeto de deleite para la vista humana, como podrían creer los poetas poco ilustrados. El color es un carácter útil en la lucha por la vida. Ciertos colores vistosos y llamativos son el resultado de la selección sexual, y otros colores adaptados al ambiente son resultado de la selección natural; ambos son ventajosos en la lucha por la vida y determinan la conservación de los mejores individuos de las especies más adaptadas a las condiciones del medio.

Wallace, cuyo capítulo sobre el mimetismo es clásico en la materia, se detiene sobre un hecho general e importante. Los colores, más o menos fijos y uniformes en las especies salvajes, son sumamente variables en los animales adaptados a la domesticidad: caballos, perros, gatos, pichones, vacas, etc. La diferencia es debida a que éstos son protegidos por el hombre en la lucha por la vida, mientras que los salvajes fían principalmente en la protección natural de su color.

Se ha observado que, en general, la coloración blanca es el tono predominante en los animales que viven en las zonas polares; el amarillo y el terroso es el color propio de los habitantes del desierto; el verde domina en las selvas tropicales perpetuamente frondosas. Los animales nocturnos son de colores obscuros.

Entre los animales blancos de las regiones árticas los hay cuyo color es permanente, siendo en otros transitorio. Entre los primeros recordemos el oso polar, la liebre polar de América, el halcón de Groenlandia; el carácter permanente de su color coincide con el hecho de vivir todo el año entre las nieves. Es notable que en regiones no polares, en los Alpes, la liebre, que vive a grandes alturas sobre el nivel del mar, siempre nevadas, es también de color blanco. La coloración homocroma permite a los carnívoros acercarse a sus presas sin ser vistos y a los herbívoros pasar desapercibidos a sus enemigos. Además, parece que el color responde, en parte, al objeto de impedir la irradiación y conservar mejor el calor animal durante el invierno.

En las extensas regiones áridas y desiertas de la superficie terrestre, la armonía de color entre el medio y los animales es igualmente notable. El puma americano, el león, el camello, todos los antílopes del desierto, los pájaros del Sahara, el pato salvaje de Egipto, el gato montés, etc., etc., tienen un color amarillo terroso, perfectamente adaptado al color del medio en que viven. Es lógico que, en un medio desprovisto de plantas o piedras para la ocultación, hayan podido sobrevivir más fácilmente, sin emigrar o morir, las especies mejor disimuladas para la ofensa o la defensa.

En las regiones tropicales, donde las ramas siempre son frondosas, encuéntranse especies enteras cuyo color predominante es el verde; por ejemplo: los loros. En cambio, en las regiones más templadas, donde las hojas son caducas y el invierno desnuda los árboles de sus adornos naturales, los pájaros poseen colores que imitan el de la corteza de los árboles, de las hojas secas, de los tallos desnudos, etc., entre los cuales están obligados a pasar el invierno.

En los animales pelágicos, que viven en los océanos, el hecho es fácil de comprobar; muchos de ellos son transparentes como el agua en que viven. Entre los moluscos y crustáceos hay numerosas especies en análogas condiciones, siendo singularísima la identidad de aspecto entre muchas conchas o caparazones, y las piedras o toscas a que están adheridas; es uno de los géneros más difundidos de mimetismo y el primero que llama la atención de los visitadores de un acuario. Hechos semejantes se observan en los peces. Los animales marinos de mayores dimensiones, que flotan en la superficie, están hermosamente coloreados de azul intenso o azul gris en el dorso, armonizándose con el color del mar, mientras su vientre es blanco; esto hace que, vistos por debajo, se confundan con la espuma de las olas o con las nubes.

Fuera de las adaptaciones generales de coloración, existen otras especiales, que llegan a caracterizarse por semejanzas de dibujo. Muchos animales rayados o manchados viven en sitios donde se proyectan sombras de hojas (manchas) y de tallos (rayas), teniendo en su color especial un medio de disimulación utilísimo en la lucha por la vida. En el clásico tratado de Wallace sobre "El Darwinismo" puede leerse un análisis detenido de esta cuestión singularísima.

Es de observación vulgar que los huevos de muchísimos animales—ovíparos, por supuesto—suelen adaptarse muy bien al color del medio donde se les deposita, siendo difícil descubrirlos; por eso los hombres de campo comparan frecuentemente las cosas difíciles de ver con los huevos de ciertos pájaros. Obsérvase también con frecuencia que los huevos de algunas especies presentan caracteres morfológicos que los hacen confundir con los pertenecientes a otras especies, hecho común cuando el animal no construye nido propio, obteniendo de esa manera la incubación necesaria para que la especie no se extinga. El hecho es harto conocido y está consagrado en refranes populares.

Todos los fenómenos de homocromía pueden tener su origen en una de las dos causas enunciadas. O en la selección natural sobrevivieron solamente los animales mejor adaptados al color de un ambiente determinado, o los animales emigraron voluntariamente a un medio donde estuvieran mejor disimulados para luchar por la vida en condiciones favorables. Lo primero no implica que no intervengan otras causas en la conservación de la especie; lo segundo no excluye que, en ciertos casos, la homocromía sea el producto de una reacción adaptativa del animal a su medio.

Entrando a considerar la significación psicológica de estos hechos, es evidente que en la hipótesis migratoria la disimulación es un acto voluntario, que con el tiempo puede fijarse en la especie bajo forma de instinto, pasando de consciente a automático. En la hipótesis selectiva la disimulación es involuntaria, actuando la selección natural sobre variaciones favorables adquiridas al azar, sin que esto excluya necesariamente la adquisición de esas variaciones por la influencia del medio.

En los hechos hasta aquí examinados, la homocromía es un carácter estable, permanente. En otros la adaptación es transitoria; ciertos animales, como el zorro y la liebre árticos, sólo viven entre las nieves durante una parte del año y sólo entonces tienen el color blanco que los protege. Es difícil establecer la participación que tienen la temperatura, la alimentación, la acción del color ambiente, etc., en esos cambios actuales; pero cabe suponer que esas influencias, lamarckianas por decir así, han sido en su origen más importantes que las selectivas, que diríamos darwinistas.

La acción del color ambiente sobre el color de los animales cuenta en su favor con numerosas observaciones, confirmadas por experimentos de resultado indiscutido. Wood mostró ciertas crisálidas de una misma especie que tenían diversos colores, análogos a los de las superficies en que habían sido depositadas. Las experiencias célebres de Poulton demostraron la posibilidad de modificar el color de ciertas crisálidas, haciendo evolucionar sus larvas en cilindros de vidrio cubiertos de papeles de diversos colores. Por excepcionales que sean estos hechos, coincidentes con otras observaciones y experimentos de Shaw y de Pouchet, ellos demuestran que existen organismos capaces de reaccionar a una excitación luminosa exterior y de adaptársele en alguna medida, imitando directamente el color del medio.

Conocemos otros hechos que, para ciertos casos, harían pensar que esa imitación del color ambiente ha podido en su origen ser voluntaria, fijándose luego por el hábito y convirtiéndose hereditariamente en instinto de la especie. Existen, en efecto, animales que modifican voluntariamente su propio color para adaptarse al medio, en cuyos casos es visible el valor psicológico que tiene esa disimulación activa como medio de lucha por la vida. No se trata, como en los anteriores, de una acción directa del medio que el animal recibe pasivamente, sino de una reacción activa y brusca del animal mismo.

El ejemplo clásico del género es el del camaleón, cuyo color, amarillo verdoso en la juventud y gris térreo en la vejez, se armoniza más o menos rápidamente con el medio que lo rodea, sin que ello importe atribuirle la propiedad de recorrer toda la gama del iris; más terroso si está entre las ramas del árbol, y más verdoso si entre el follaje, puede en momentos de excitación mostrar manchas rosadas o violáceas sobre el tono claro de los flancos y del vientre. No es un caso único en la historia natural. Hay un pececillo que posee propiedades semejantes; si nada en aguas claras su color es amarillo, pero se cubre de manchas o rayas negruzcas cuando quiere ocultarse entre plantas acuáticas de color obscuro, lo que también se observa cuando se le irrita. Muchos peces chatos, algunos crustáceos, las ranas en cierto grado, poseen la aptitud de modificar con rapidez la intensidad o el tono de su color habitual, adaptándolo a su medio.

La explicación más admitida de estas variaciones de coloración lleva a considerarlas como fenómenos reflejos, en que las excitaciones visuales determinan cambios de posición de una o más capas de células pigmentadas, los "cromatoblastos", que se encuentran en el tegumento y contienen sustancias colorantes. La expansión o contracción de esas células estaría, según Pouchet, bajo la dependencia del sistema nervioso, y su resultado general sería armonizar el tono del color del animal con el del fondo. Para probar que no se trata de una acción del medio, Pouchet repitió sus experiencias en animales privados de sus ojos, no produciéndose el cambio de color; la sección del trigémino suprimió la reacción en la zona de inervación propia de ese nervio.

Todos estos hechos han llevado a considerar que la homocromía movible es una reacción individual, una función activa de los animales en que se la observa. Es posible que sea refleja y no voluntaria, es decir, instintiva; pero todos los instintos se consideran actualmente como antiguos actos voluntarios, que por el uso en el curso de muchas generaciones se han convertido en automatismos reflejos útiles a la especie.

IV.—MIMETISMO: PERMANENTE, VARIABLE, VOLUNTARIO

El mimetismo consiste en la semejanza de forma entre el cuerpo del animal y los objetos del medio en que suele vivir, o en la semejanza con los caracteres o actitudes aparentes de otros animales mejor defendidos en la lucha por la vida. Éste es un vasto e interesante capítulo de historia natural, que procuraremos condensar en pocas notas generales, suficientes para orientarnos hacia las conclusiones de psicología social propias de este trabajo.

Insistimos en distinguir dos clases de simulaciones en los animales. Las unas son espontáneas e *involuntarias*, resultando de la selección natural; las otras son conscientes y *voluntarias*, valiéndose de ellas el animal para adaptarse mejor a las condiciones de la lucha.

Entre los casos de mimetismo selectivo involuntario, algunos simulan un objeto de su ambiente y otros los caracteres externos de especies mejor protegidas. Wallace restringe a estos últimos el nombre de mimetismo; parécenos más lógico extenderlo a todos los casos en que hay simulación de forma, es decir: *homotipía*.

Muy a menudo se encuentran combinadas las dos semejanzas, del color y de la forma; a esto llaman algunos autores *homocromía mimética*. Es el caso de los parecidos más perfectos; son bien notorios los de numerosos insectos con tallos, ramitas, hojas verdes o secas, entre las cuales viven y de las que se alimentan.

En ciertos casos el detalle de las semejanzas es tan prolijo que Wallace se ha visto arrastrado a decir que "parece implicar la intención de engañar al observador".

Son curiosos los casos en que se observan colores y formas apropiados para atraer las presas; han sido principalmente señalados entre las arañas y de manera especial en el género *Mantidae*. Forbes ha observado un caso de simulación voluntaria de esta índole; tratábase de una araña cuyo vientre simulaba perfectamente, por el color y la forma, un excremento de pájaro: el animal permanecía inmóvil hasta que algún insecto venía a posarse sobre su vientre, cerrando entonces las patas y atrapando a su víctima. Otra especie simula perfectamente por su color, forma, posición y actitud, una flor en botón, sobre la cual vienen a posarse incautamente las presas inexpertas. Más curioso, aún, es el caso de otra Mántida, áptera, que simula a la perfección una orquídea rosada, atrayendo sus víctimas con tal facilidad, que resulta una verdadera trampa de insectos.

Algunos *Phyllium* están perfectamente coloreados y fileteados, con excrecencias foliáceas sobre las patas y el tórax, de manera que difícilmente podrían distinguirse, cuando están inmóviles, de los finos tallitos de la planta donde se posan. Otros simulan fragmentos de madera, con todos los detalles; o bien hojas secas, tallitos, espolones, espinas, hongos parasitarios, etcétera. Algunas especies de *Cassidae* parecen gotas de rocío, por su forma convexa y su color perláceo. Entre las mariposas de la India, algunas tienen la cara inferior de las alas idéntica al aspecto de una hoja; posándose sobre un tallo, cerradas las alas, pasan completamente desapercibidas. Del mimetismo de los gusanos con objetos del medio, trata extensamente

Weismann. Entre los arácnidos hay varias especies cuya cara dorsal imita con precisión el aspecto de una hojita, con sus nervaduras y demás caracteres accesorios.

Por ser, como son, tan interesantes, estos hechos han alcanzado una rápida difusión, aumentándose extraordinariamente de año en año el número de los conocidos. Es indudable que la forma de los animales mimetizantes se explica por la selección natural, careciendo por lo tanto de significación psicológica; pero no lo es menos que la actitud de inmovilidad o de acecho es voluntaria, o lo ha sido en su origen, revelando un aprovechamiento inteligente de la forma por parte del animal que la posee.

V.—MIMETISMO ENTRE LAS ESPECIES ANIMALES

Entramos a las semejanzas protectoras entre especies animales; mediante ellas, dice Wallace, una especie, simulando los caracteres exteriores de otra, es confundida con ésta y disfruta de sus ventajas en la lucha por la vida. El hecho se produce sin necesidad de que la especie simuladora y la simulada sean aliadas, y aun perteneciendo a familias u órdenes distintos. Uno de los animales parece estar disfrazado para ser confundido con el otro; de allí provienen los nombres de mimetismo y mimético, *que no implican una acción voluntaria por parte del animal en que se produce*".

Como lo comprueban numerosas observaciones, el mimetismo *en ciertos casos es consciente y voluntario*, no tanto cuando se trata de simular los caracteres de otras especies animales o de objetos, pero muy claramente cuando un animal simula actos o actitudes distintos de los verdaderos. En estos hechos encontramos la transición entre las simulaciones puramente selectivas, y las simulaciones de orden psicológico, usadas por los hombres en las formas sociales de lucha por la vida.

El mimetismo entre especies animales fúndase en que ciertas especies bien protegidas en la lucha poseen "colores premonitorios", que las preservan de los ataques de sus enemigos; otras especies menos protegidas, confundiéndose con ellas por la identidad de los caracteres externos, evitan los ataques de adversarios comunes. De esa manera, ciertas mariposas comestibles son salvadas de la voracidad de sus enemigos por colores y formas que mimetizan perfectamente a las especies no comestibles. Los helicónidos son imitados por muchas otras especies de mariposas; el hecho es frecuente entre los lepidópteros. Entre los coleópteros, los ejemplos son numerosos, como asimismo entre los arácnidos. Muchas especies inofensivas de himenópteros presentan el aspecto de otras muy temibles por sus poderosos medios de defensa y ofensa. Algunas arañas mimetizan a las hormigas, que son menos perseguidas por los insectos. Entre los vertebrados el mimetismo es común en las serpientes; algunas especies inofensivas mimetizan a otras muy temibles, como el *Elaps* de la América tropical. Ocurre lo mismo con algunos *Callophis*. Entre los pájaros se mencionan algunos casos de mimetismo imperfecto y solamente dos, muy completos, de mimetismo verdadero.

Wallace, que ha estudiado el mimetismo de las especies entre sí, ha determinado las cinco condiciones constantes del mimetismo selectivo.

1.º La especie mimetizante se presenta en la misma región y ocupa los mismos sitios que la especie mimetizada.

2.º. La especie mimetizante es siempre más pobre en medios de defensa.

3.º. La especie mimetizante cuenta menos individuos.

4.º. Difiere del conjunto de sus aliados.

5.º. La simulación, por detallada que sea, es *exterior y visible* solamente, no extendiéndose jamás a los caracteres internos, ni a aquéllos que no modifican la apariencia exterior.

Posee mayor interés psicológico el *mimetismo movible*. Al hablar de la homocromía hicimos ya notar que la había movible, recordando el clásico ejemplo del camaleón; señalamos también que en ciertos fenómenos de simulación de plantas u objetos por animales, intervenía la voluntad de éstos. Aquí mencionaremos algunos fenómenos activos de mimetismo voluntario entre las especies animales; su síntesis, como significación en la lucha por la vida, nos la da el lobo disfrazado con piel de cordero o el grajo con plumas de pavo real, de las fábulas bien conocidas. Ello comprueba, una vez más, el principio general de que el arte, en sus manifestaciones más geniales y clásicas, puede anticiparse a señalar ciertos hechos que en épocas posteriores estudia la ciencia a la luz de sus métodos menos inexactos.

El *Proctotretus multimaculatus*, cuando está atemorizado por la presencia del enemigo, achata su cuerpo y cierra los ojos: de esa manera se confunde con la tierra que le rodea y difícilmente es visto. La larva joven del *Pterogon Oeneterae* está perfectamente adaptada, por su forma y color, con las hojas del *Epilobium*, entre las cuales vive; cuando pasa al estado adulto, su color y forma cambian, pues pasa entonces a vivir entre ramitas y hojas secas. La *Arachnura Scorpionoides*, parecida al escorpión, cuando es atacada, mueve su abdomen, estirado como una cola, de igual manera que los escorpiónidos, engañando fácilmente a sus enemigos. La *Coronella Austríaca*, semejante a la víbora, al ser agredida achata y dilata la cabeza análogamente a las víboras, manteniendo alejados a sus rivales. Los casos de simulación activa entre especie y especie podrían multiplicarse; los expuestos son suficientes para que afirmemos su existencia.

VI.—SIMULACIÓN EN FUNCIÓN INDIVIDUAL

Las simulaciones activas y voluntarias, además de referirse a otras especies animales, pueden ser relativas a estados especiales del animal mismo. Son las llamadas "ficciones"; en realidad no son más que simulaciones, usadas, como siempre, en calidad de medios de lucha por la vida.

Llegada es la oportunidad de hacer notar que cuanto mayor es el desenvolvimiento mental de una especie, mayor es su posibilidad de fingir y engañar a sus enemigos. La conciencia del acto que realiza aumenta progresivamente, así como la noción de su utilidad; en cierto grado de la escala biológica encontramos animales que simulan tan hábilmente como el hombre mismo.

Numerosos son los insectos que en presencia de sus enemigos simulan estar muertos o se inmovilizan para aprovechar sus semejanzas con cosas inanimadas: algunas *Cucullia* se dejan caer al ser tocadas y su aspecto inmóvil es idéntico al de un fragmentillo de madera. Otros animales simulan estar dormidos mientras acechan sus presas; el ratón suele fingirse muerto para escapar del gato; el zorro es memorable y ha inspirado el libro clásico de Goethe. Muchos animales cubren su cuerpo con hojas, flores, lodo, etc., siendo perfectamente disimulados bajo el disfraz; para evitar los ataques de sus adversarios, caminan con el objeto a cuestas. (Un fenómeno de este grupo nos sugirió, por asociaciones de ideas, la filogenia de los fenómenos de simulación). Algunos se cubren con otro animal, no comestible para sus enemigos: es característico el caso de la *Dromia*, que coloca sobre su dorso una esponja, manteniéndola fijada por medio de dos patas posteriores, convenientemente transformadas para su objeto. Este caso es análogo al de algunos indios de las pampas americanas, que suelen ocultarse bajo el vientre de los caballos para no ser vistos por los enemigos, llevando sus ataques por sorpresa; y es sabido que usando de un ardid semejante logró Ulises escapar con sus compañeros de la caverna de Polifemo, después de haber reventado el ojo del cíclope.

VII.—UTILIDAD DE ESTOS FENÓMENOS EN LA LUCHA POR LA VIDA

Los fines a que responde la simulación en los animales son un sencillo corolario de los fenómenos que acabamos de revistar. Lo mismo da que se trate de fenómenos involuntarios, reflejos o conscientes; nada importa que se imite el color del medio, la forma de un objeto, los caracteres visibles de otra especie, o una manifestación de la conducta. En todos los grados y en todos los casos, sea o no inteligente, llámese homocromía, mimetismo o simulación intencional, converge siempre a este único fin utilitario: mejorar la situación del simulador en la lucha por la vida, adaptándolo favorablemente a las condiciones especiales en que ella se presenta.

Hemos visto que en algunos casos la simulación es ofensiva: adaptación del color del león o del oso polar al de su ambiente, de la araña que acecha al insecto simulando el aspecto de una orquídea, del animal que simula estar dormido para inspirar confianza a su presa.

En otros casos es defensiva: las mariposas comestibles que mimetizan a las no comestibles, los huevos parecidos al color del suelo en que son depositados, el ratón que se finge muerto para librarse del gato.

Tan es esa su finalidad esencial, y ninguna otra, que Giard ha considerado que estos fenómenos deben reunirse simplemente en dos grupos, sin atender a nada más que su carácter ofensivo o defensivo. Y dice, en definitiva: "así como un hombre se disfraza para evitar un peligro o para cometer un crimen, las especies simuladoras o disimuladoras tienen por objeto no ser agredidas o agredir". No hay, pues, exageración ninguna en afirmar que la simulación en el mundo biológico se nos presenta como un medio de mejor adaptación a las condiciones de la lucha por la vida.

VIII.—TEORÍAS PROPUESTAS PARA EXPLICARLOS

Para terminar, digamos breves palabras sobre las diversas teorías expuestas para la explicación de los fenómenos de mimetismo: tres merecen recordarse principalmente. La de Darwin y Wallace, puramente selectiva; la de Wagner y De Lanessan, emigratoria; la de Wood, Poulton y otros, fotográfica.

Para los primeros, las homogeneidades de color y de forma son simple resultado de la selección de los mejor adaptados: los individuos que por cualquiera circunstancia encontráronse revestidos de un aspecto semejante a su medio, han escapado a sus enemigos y al reproducirse transmitieron ese carácter a sus descendientes, mientras los otros desaparecieron, vencidos en la lucha. En el polo, el oso, gracias a su blancura, tiene probabilidades de llegar hasta su presa; lo mismo ocurre al león que pasea dominador sobre la arena del desierto. La oruga no es descubierta por los pájaros gracias a su color análogo al de las hojas de vid. La semejanza con objetos u otros animales respondería al mismo fin protectivo y sería también un simple resultado de la selección natural. Esta teoría no explica todos los fenómenos de simulación observados en los animales, sino puramente los de índole selectiva; y para estos mismos no resulta muy satisfactorio atribuir al azar las variaciones favorables que han sido conservadas por la selección.

Moritz Wagner, a cuyas ideas se inclina De Lanessan, cree que los animales provistos de una coloración homocroma con su medio, han buscado voluntariamente los sitios u objetos donde dominan su propio color o sus propias formas, con el fin de escapar más fácilmente a la vista de sus enemigos o de sus presas. Esta teoría explica muchos fenómenos no encuadrables en la anterior, pero no basta por sí sola para explicarlos todos.

Para otros casos, la explicación más razonable consistiría en admitir una influencia refleja o fotoquímica de la coloración del medio sobre la del animal, cuyo mecanismo no se conoce; las experiencias de Wood, de Poulton y otros, parecen muy probantes en favor de esta teoría parcial, que algunos autores llaman "fotográfica". Es de advertir que, de todas, ésta es la que encuadra mejor en la concepción lamárckiana.

Las tres teorías son parcialmente exactas; sólo resultan falsas cuando se pretende aplicarlas con exclusión de las otras. El error de cada una está en la pretensión de excluir a las demás. Esta serie de fenómenos es producto de un determinismo complejo; creemos que además de las causas apuntadas deben existir otras secundarias, no estudiadas todavía por los naturalistas. En sus formas propiamente psicológicas—es decir, voluntarias y conscientes—los fenómenos de simulación observados en los animales no son ya un resultado de esas causas que actúan sobre la especie, sino manifestaciones de la conducta individual adaptada a cada circunstancia: *son la expresión, transitoria o permanente, de la conciencia que tiene el animal de la utilidad de simular* (VI).

IX.—CONCLUSIÓN

En el mundo biológico la simulación y la disimulación están representadas por los fenómenos de homocromía y de mimetismo. Son generalmente ajenos a la voluntad del animal mimetizante, y resultan de la selección natural o de la acción del medio; en ciertos casos, sin embargo, son activos y voluntarios. A medida que progresa el desenvolvimiento mental de las especies, aumenta la posibilidad de las simulaciones individuales y es mayor la conciencia que de ellas tiene el simulador. Sean activos o pasivos, conscientes o inconscientes, voluntarios o accidentales, los fenómenos de simulación son útiles al animal en que se observan y le sirven para la mejor adaptación a las condiciones de lucha por la vida.

3

LA SIMULACIÓN EN LAS SOCIEDADES

I. La lucha por la vida y la simulación entre los hombres.—II. Formas colectivas de lucha y de simulación (humanas, étnicas, nacionales, de clase, de sexo, de grupos, profesionales, etc.).—III. Formas individuales de lucha y de simulación (niños, burócratas, escritores, periodistas, propagandistas, mujeres, sablistas, comerciantes, delincuentes, parásitos sociales, etc.).—IV. Utilidad de la simulación en la lucha por la vida.—V. Conclusiones.

I.—LA LUCHA POR LA VIDA Y LA SIMULACIÓN ENTRE LOS HOMBRES

Cuando se intenta abarcar, en una mirada de conjunto, las diversas actividades desarrolladas por el hombre que vive en sociedad, salta a la vista que la lucha por la vida rige en el mundo social, lo mismo que en el propiamente biológico, aunque sufre modificaciones importantes que estudiaremos al examinar la evolución de la simulación. Habiendo "lucha por la vida", según lo enunciamos en el capítulo precedente, encontraremos fenómenos de simulación adaptados a sus distintas modalidades.

La Humanidad, como especie biológica, lucha por la vida contra el reino vegetal y contra las demás especies animales. Eso es evidente. Además, como animal susceptible de asociarse en agregados o colonias, el hombre está sometido a nuevas formas de lucha: sea como miembro de un agregado social, sea como individuo.

Tres formas de lucha por la vida son posibles entre los individuos de la especie humana: 1.º. Entre agregados sociales; 2.º. Entre agregados e individuos; 3.º. Entre individuos aislados. Dos naciones que se arruinan recíprocamente en una guerra de supremacía económica, encuéntranse en el primer caso. Un delincuente que cometa acciones antisociales, representa el segundo. Dos salvajes que se disputan una raíz alimenticia, se encuentran en el tercero.

Recorriendo la escala biológica, a medida que se asciende, muéstrase más compleja la vida de los organismos, tocando su máximum en la especie humana. Como consecuencia de ello, cuanto más complejas son las manifestaciones de la vida, tanto más arduas son las condiciones en que la lucha por la vida se plantea. Y, como corolario, obsérvase que esas formas complejas de lucha producen un perfeccionamiento progresivo de los medios de lucha, superando en el hombre a todas las demás especies vivas. En sentido figurado, podríamos decir que, también en este caso, la función desarrolla el órgano, es decir, que la necesidad estimula el desenvolvimiento de la aptitud.

Encarando ampliamente la cuestión, puede afirmarse que la civilización humana ha implicado un continuo aumento de la lucha por la vida y de los medios de lucha, ora dirigidos contra la naturaleza, ora esgrimidos entre los agregados sociales o entre los individuos; pero en todos los casos tiende a la selección de las razas y de los individuos más aptos en su medio. Para ello, o como su resultado, la especie humana posee un elevado desarrollo mental que le permite organizar conscientemente sus medios de lucha, buscando una progresiva adaptación a las condiciones de la lucha por la vida. En una palabra, para resumir: donde la vida es más compleja la lucha es múltiple y los medios son más complicados.

Hemos visto ya que las manifestaciones de la lucha evolucionan de formas violentas a formas fraudulentas; los medios se adaptan a la lucha y sufren, también ellos, una progresiva evolución, tendiendo hacia el predominio de los fundados en la fraudulencia. Entre éstos encuéntrase la simulación, uno de los más frecuentemente observados.

Es fácil encontrarla en todas las manifestaciones de la actividad humana, reemplazando a la violencia como medio ofensivo y defensivo. Más aún: el espíritu humano tiende a adaptar una manera especial de simulación a cada una de las modalidades que reviste la lucha por la vida en el ambiente, estableciéndose entre ellas cierto paralelismo. De ella, en sus innumerables facetas, trataremos en el presente capítulo, demostrando que a las diversas formas colectivas e individuales de lucha por la vida, corresponden formas colectivas e individuales de simulación.

Las formas de lucha por la vida entre los agregados sociales, así como entre los grupos colectivos que viven dentro de cada agregado, varían al infinito; sus relaciones recíprocas son constantemente diversas, debido a la persistente heterogeneidad de intereses. Una primera causa de antagonismo nace de las desigualdades étnicas; hay luchas entre las razas, estudiadas por Gumplowicz, Ammond, Lapouge, Winiarsky; en la evolución histórica se atenúan sus conflictos, tendiendo a unificarse bajo la hegemonía de las mejor adaptadas para la lucha por la vida, como demostraron Colaianni, Finot, Nordau y otros. Dentro de una misma raza, la diversidad de condiciones económicas, debida a la influencia del ambiente natural, determina la formación de diversos agregados políticos; se constituyen estados distintos, apareciendo entre ellos antagonismos e intereses que son causa de las luchas entre las naciones; basta recordar los estudios de Novicow. La diversa función social de cada sexo y las necesidades de la conservación de la especie, determinan la lucha entre los sexos, analizada por Viazzi, procurando cada uno ejercer mayor autoridad sobre el otro y conquistando el derecho al amor al precio del menor esfuerzo posible. Dentro de cada agregado social, la división del trabajo determina la aparición de clases sociales que pueden tener intereses antagónicos o divergentes: aparecen así las luchas de clases, estudiadas por los marxistas. Desde otro punto de vista más estrecho, la solidaridad de intereses entre los que ejercitan una función particular engendra una lucha entre ellos y el resto de la sociedad, en formas que oscilan desde el espíritu de cuerpo profesional hasta la solidaridad económica de capitalistas o proletarios, y desde el politiquismo profesional hasta la explotación de las supersticiones. Podrían señalarse cien formas de lucha por la vida especiales de colectividades: siempre que existe una solidaridad de intereses, permanente o transitoria, hay lucha colectiva contra el resto de la especie o contra algunas de sus partes. El principio darwiniano se repite, bajo mil formas, en el mundo social.

De conformidad con nuestra teoría general, encontraremos que a cada una de esas formas de lucha, la actividad humana ha adaptado fenómenos especiales de simulación.

Al mismo tiempo, cada individuo, independientemente de la raza, clase o grupo a que pertenece, está obligado a luchar por la vida adaptándose lo mejor que pueda al medio social. Muy pocos hombres de personalidad firme resisten a la presión colectiva y pueden hacerlo conservando algunos de sus rasgos característicos; los más están obligados a imitar las ideas, los sentimientos, las costumbres colectivas, y su éxito en la vida consiste en alcanzar la más perfecta adaptación al medio. Para ello no es necesario *ser* como los demás; basta con *parecer*. Eso es lo útil; para ello se simula.

Debería definirse la "educación" como el arte de formar en los hombres una personalidad; vemos, en cambio, que el uso corriente da a esa palabra el sentido contrario, diciendo que son mejor "educados" los individuos que por su refinada aptitud para fingir consiguen disimular completamente su personalidad propia, no haciéndola gravitar nunca sobre los demás. Esta pretendida educación tiende a establecer una verdadera "homocromía social" entre el individuo y las ideas de la sociedad, y un riguroso "mimetismo personal" con las costumbres corrientes en ella. En el traje, en la mímica, en las opiniones, en las maneras, se va hacia la uniformidad; para ello cada hombre está obligado a disimular todo lo que le es individual y a simular todo lo que es común a la sociedad y no posee él mismo. No importa que esa costumbre de *parecer* destruya en el hombre toda capacidad para *ser*;

la sociedad no vacila en sacrificar los individuos al interés de la especie, lo mismo que las demás colonias animales. Todo lo que exige del niño que entra a la vida es que se esfuerce por imitar lo que hacen los demás; y el niño, cada vez que no puede hacerlo, se decide a simularlo. Así, simulando, se aventaja en la lucha por la vida, y para conservar las ventajas adquiridas sigue simulando, después, hasta la muerte.

II.—FORMAS COLECTIVAS DE LUCHA Y DE SIMULACIÓN

Hay condiciones de lucha por la vida comunes a todos los hombres que viven en sociedad; a ellas se han adaptado medios de lucha y formas de simulación igualmente generales, comprendidas en el arsenal de las hipocresías y mentiras corrientes en todo agregado social. Muchas de ellas, que conocían tan bien Montaigne y La Bruyère, han sido recientemente señaladas por Stirner, Lombroso, Tarde y otros, estudiándolas Nordau en sus "Mentiras Convencionales"; éstas, en muchos casos, son verdaderas simulaciones convencionales, consentidas y toleradas por la frecuencia con que se producen. Mediante ellas los hombres civilizados consiguen vivir bajo un disfraz permanente, ocultando las íntimas modulaciones de su sentimiento o las originales concepciones de su inteligencia.

El fraude tiene la sanción del uso en las costumbres sociales, y tanto más cuanto mayor es la decadencia moral de una sociedad. La mentira, el engaño, la hipocresía, la ficción, se han desarrollado naturalmente por la imposibilidad de armonizar todos los intereses individuales con el interés colectivo. El fraude es empleado para captar la simpatía ajena o para abusar de la ajena confianza; aumentando la intensidad de la lucha por la vida, se acrecienta entre los hombres la necesidad de engañarse recíprocamente, en la justa medida en que cada uno advierte su propia debilidad para desenvolverse en medio de la hostilidad general. Cada sociedad establece una tabla convencional de valores morales que llama "virtudes" y "vicios", sin otro objeto que fijar límites a la lucha entre los hombres; esas tablas suelen convertirse en verdaderas ficciones, pues casi todos los hombres tratan de violarlas, simulando las virtudes y disimulando los vicios. El fraude llega a ser un instrumento de provecho para cuantos lo usan, mientras la sinceridad obra en desmedro y ruina de quienes la practican. Razones tendría Homero para llamar al más grande y afortunado de los simuladores el "divino" Ulises.

Conviene no confundir las creencias sociales, que pueden ser erróneas aunque se crea en ellas de buena fe, con las mentiras convencionales, que no son creídas sino simuladas con fines utilitarios. Tal es el caso de los demagogos que declaman loas al pueblo soberano con el propósito de dirigirlo, sustituyéndose de hecho a la soberanía que le mienten; a diario lo hacen los políticos. Encuéntranse en igual caso los políticos que no tienen creencias religiosas, pero las simulan, considerando que ellas son necesarias para que el pueblo se conserve manso y obediente. Y son perpetuos simuladores todos los que exageran la urbanidad y los buenos modales hasta la tolerancia del vicio, de la indignidad, de la tontería ajenas, poniendo cara de pascuas a todo lo que en su interior reputan repulsivo. Los hipócritas viven simulando; no hay un solo gesto de Tartufo que lleve impreso el sello de la verdad.

Esas formas de simulación son tan universales como la misma lucha por la vida. Pero esta última suele tomar especiales caracteres colectivos por la existencia de grupos que luchan contra el resto de la humanidad en defensa de intereses que les son particulares: luchas de razas, de naciones, de clases, de sexos, de partidos, de profesiones, etc. A cada forma de lucha encontramos adaptadas formas especiales de simulación.

Para el sociólogo que observa la evolución de las razas a través de los siglos, analizando la sobreposición sucesiva de civilizaciones diferentes, estudiando las leyes del engrandecimiento y decadencia de los pueblos,—colosal cinematógrafo en que desfilan la India y Babilonia, Egipto y Cartago, Grecia y Roma, España y las Repúblicas Italianas, Francia e Inglaterra, y tal vez, mañana, Estados Unidos y el Japón, probables cunas de la grandeza futura en las civilizaciones oriental y occidental,—para el sociólogo las luchas entre las razas son un fenómeno que se atenúa progresivamente en las zonas templadas del planeta. Las razas de color desaparecen; sus elementos más vitales procuran adaptarse a la vida civilizada de las superiores, o siguen vegetando en las zonas tropicales inaccesibles a la civilización de las razas blancas. De estas últimas sobreviven los grupos más selectos, entrecruzándose de manera lenta pero inevitable; no hay uno solo, entre los pueblos civilizados, que pueda ostentar títulos de pureza étnica.

Por eso muchas cuestiones de raza, cuando no son sinceramente falsas, son fingidas; involucran una simulación de sentimientos. El sentido en que se puede hablar de razas, refiriéndose a naciones civilizadas, es el sociológico, fundado en la homogeneidad de intereses y de sentimientos que surge de la adaptación común a un medio determinado.

Podría considerarse como simulaciones—conscientes o inconscientes—muchas propagandas que tienden a presentar como luchas de razas entre los pueblos civilizados a ciertos conflictos entre naciones que luchan por notorios intereses económicos. En los últimos años se ha visto, con frecuencia, políticos que declamaron sobre la pretendida pureza de las razas, para apuntalar tambaleantes organismos políticos. Típico es el caso de España durante la guerra con los Estados Unidos; los partidarios de España mentaron la solidaridad entre los pueblos de raza latina, amenazados todos por la preponderancia de la raza sajona, no ignorando que la pureza étnica de los llamados pueblos latinos es una fantasía, pues en cada uno de ellos se han operado innumerables cruzas e injertos extraños: semejante solidaridad de raza fué una simple simulación para captar simpatías. El antisemitismo es otro fenómeno curioso de simulación en la lucha de razas; como el tiempo demostró, el pretendido antisemitismo francés fué una máscara de la reacción clérico-militar, que en Francia se disfrazaba con la indumentaria de una guerra al judaísmo para arrastrar en ese engaño a las masas populares, explotando el sentimiento de odio al rico. Bien se dijo, de esa simulación adaptada a la lucha de razas, que era "el socialismo de los imbéciles".

Junto a la lucha de razas encontramos la lucha entre las naciones. Lo mismo que en el caso anterior, puede aquí advertirse una evolución regresiva de la lucha entre los pueblos civilizados; las ciencias, la producción, los intercambios comerciales, la facilidad de las comunicaciones, tienden a establecer vínculos de solidaridad entre las diversas naciones; la utilidad recíproca tiende puentes por sobre las fronteras; la civilización acrece las relaciones internacionales; a expensas de los feudos se han unificado las naciones y por encima de las naciones se unificará la humanidad. En el grado presente de la evolución social, la lucha para constituir unidades nacionales determina numerosas formas de simulaciones correlativas, subordinadas al principio de la adaptación utilitaria. No hablaremos de un hecho común en las luchas entre las naciones: su causa aparente suele ser diversa de la causa verdadera; este fenómeno es inconsciente y débese a que esta última queda oculta tras intrincada red de causas secundarias, más fácilmente apreciables; las cruzadas o el descubrimiento de América, aparentemente debidas al enfermizo sentimiento religioso de la Edad Media y a la tenacidad exaltada de Colón, fueron determinadas por la necesidad de grandes expansiones económicas inherentes a la evolución de la economía feudal. En los pueblos pobres, y por tanto, rapaces, depredadores, la necesidad de ejercer sus rapiñas sobre los vecinos disimúlase tras un exagerado desarrollo del sentimiento de nacionalidad; en ellos el "honor nacional" suele ocultar simples empresas económicas, mientras que en los pueblos agredidos es una sugestión útil para la defensa. Otra forma de simulación, nacida del sentimiento patriótico, es la ejercida a menudo por las clases dirigentes sobre la masa popular, haciéndole creer que el propio país es el mejor del mundo, su historia la más gloriosa, sus sabios los más profundos, sus poetas los más inspirados, etc.; la sugestión entra aquí por partes iguales con la simulación, pues acaba por enseñarse de buena fe una mentira que tiene un simple fin utilitario. Otras veces, las naciones pretenden simular superioridad ante los demás pueblos con que están en más inmediata relación, proveyéndose de ejércitos y armadas muy superiores a su potencialidad económica real y encaminándose por la vía del militarismo hacia la bancarrota. Hay simulación en ostentar un poder desproporcionado a la riqueza nacional, gastando lo que no se tiene para aparentar una superioridad ficticia: porque la grandeza de un pueblo no se mide solamente por la capacidad militar, y menos cuando ella es desproporcionada a las otras fuerzas morales y sociales.

En la historia contemporánea es frecuente la conquista de un pueblo débil por otro, con fines exclusivos de engrandecimiento económico; estas conquistas, que a menudo degeneran en formas colectivas de delincuencia brutal, suelen disimularse como empresas civilizadoras en beneficio de las víctimas. Los latino-americanos, explotados por España en otro tiempo, y los boers, depredados hoy de sus minas de oro por Inglaterra, podrían decir al mundo entero que la pretendida misión civilizadora fué una simple disimulación de la avaricia nacional. El "nacionalismo", esa forma mórbida colectiva del patriotismo, es en muchos casos una simulación de politiqueros hábiles y ambiciosos, que saben encontrar los resortes de la popularidad en la excitación de las más atrasadas pasiones de las turbas. Doctores no menos audaces saben que, en política internacional, la astucia, una de cuyas formas es la simulación, suele ser la clave de éxitos lisonjeros; por algo es tan admirado Maquiavelo; Nordau, en sus "Paradojas psicológicas", demostró que las virtudes esenciales de la diplomacia son el engaño y la mentira, que suelen involucrar la simulación o la disimulación.

En las sociedades evolucionadas, la primitiva división del trabajo llega a revestir tales formas y caracteres que el agregado social se divide en clases, caracterizadas por intereses heterogéneos, cuando no netamente antagonistas. La lucha entre las clases, que Marx y su escuela miran como la causa íntima de las transformaciones sociales, determina numerosos fenómenos de adaptación para la lucha, entre los cuales es fácil encontrar diversas formas de simulación. Comenzando por las leyes fundamentales de los Estados, la simulación aparece dominando el vasto escenario de la lucha de clases. Constituciones, Códigos, Ordenanzas, etc., todo el engranaje jurídico de cada país, suele estar destinado a apuntalar y defender el privilegio de las clases gobernantes; sin embargo, simula propender al beneficio de todo el pueblo, cuya mayoría suele ser perjudicada por esas mismas instituciones. Como casos especiales podrían citarse las leyes contra los obreros que existen en muchos países, disfrazadas de leyes bienhechoras y dictadas simulando el propósito de favorecer a las mismas víctimas. Es también una simulación de clase todo el sistema tributario indirecto, que hace recaer sobre las masas menesterosas el peso de los servicios públicos aunque se simula haberlo establecido en bien de quien sufre sus efectos.

Mil veces en la historia las clases privilegiadas han simulado encontrarse en la pobreza para no ceder a las exigencias del pueblo hambriento; no podrían contarse las veces que el pueblo ha saqueado graneros disimulados por las autoridades. La institución del trabajo a destajo, inventada por la astucia capitalista para aprovecharse de la avaricia obrera, arruina a los obreros simulando serles ventajosa. Esa medalla tiene, naturalmente, su reverso, pues no hemos de creer que la simulación es un privilegio de los poderosos. El obrero que finge trabajar apresurado, sin terminar jamás la tarea confiada a su actividad, es un simulador vulgarísimo, parásito de todos los talleres. Y en muchos casos, las Ligas de Resistencia que los obreros organizan para la lucha de clases son simples simulaciones colectivas, destinadas a atemorizar a los patrones; conocimos una que mantuvo en jaque a los de un gremio importante, hasta descubrirse que, en realidad, sólo la constituían dos o tres sujetos, que actuaban como si representasen un poderoso sindicato.

La lucha entre los sexos presenta fecundísima cosecha de fenómenos de simulación. No hablamos aquí de la tendencia general de la mujer a la simulación, como una de tantas manifestaciones del fraude y de la astucia; nos ocupamos de las simulaciones relacionadas con la lucha entre los sexos. De su tendencia al fraude, sólo diremos que estando la mujer excluida por la naturaleza del uso de algunos medios violentos de lucha, encuéntrase obligada a perfeccionarse en los medios fraudulentos. El hombre dispone de la fuerza; la mujer de la astucia.

No falta quien afirme que el amor femenino, en todas sus manifestaciones, es una persistente simulación, fundándose en la teoría de la pretendida insensibilidad amorosa de la mujer, muy repetida, antes y después de Schopenhauer, por los galanes inexpertos; es seguramente inaceptable, no siendo común el hecho y debiéndose con frecuencia a ineptitud del hombre para despertar la sensibilidad femenina. Esto no importa desconocer que la sensibilidad amorosa es, en muchas mujeres, una condescendiente simulación. Su moralidad también lo es, en gran parte, y tiende a hacer deseables ciertas partes del cuerpo femenino, más directamente relacionadas con la satisfacción amorosa; el mismo pudor—como escribimos hace varios años, criticando un interesante libro de

Viazzi,—ha sido, primitivamente, una simulación selectiva voluntaria que mediante la herencia psicológica se ha convertido en un reflejo instintivo. La simulación femenina aparece convertida en un verdadero arte para luchar contra el hombre, en la coquetería. Consiste, propiamente, en fingir todo lo que interesa o apasiona al hombre, estimulando sus deseos. Su eficacia depende de un uso discreto; las grandes coquetas no encienden nunca pasiones intensas, porque su juego es demasiado visible; solamente los tontos suelen enamorarse de ellas y lo son generalmente los maridos que al fin conquistan.

Igualmente difundida está otra simulación. No se trata ya de actitudes, como en el gato que se agazapa acechando la presa, sino de apariencias exteriores, como en el verdadero mimetismo. Existen caracteres de superioridad femenina consagrados por los cánones artísticos y que en su conjunto constituyen la belleza; las mujeres privadas de esos caracteres, suplen su natural inferioridad simulándolos. La estatura, el firme busto, la cadera torneada, el frescor juvenil, la mejilla rosada, la dentadura armoniosa, el labio vivo, la pupila brillante, son verdaderos índices de ingenuidad femenina y de aptitud para la maternidad. Cuando la naturaleza ha sido avara de esos atributos, o cuando la edad empieza a borrarlos, todos ellos son simulados por las mujeres, con el vestido, el calzado, las pelucas, los mil afeites y composiciones que disimulan la imperfección y la vejez; en las grandes ciudades prosperan establecimientos especiales para la simulación de la belleza fisionómica, verdaderos purgatorios donde las mujeres feas compran las indulgencias necesarias para ser amadas. No es menos frecuente la simulación de los sentimientos; cientos de mujeres están dispuestas a simular cariño intenso por cualquier desconocido que les haga vislumbrar la esperanza de un matrimonio ventajoso. Esta simulación, justo es decirlo, no es patrimonio exclusivo de la mujer; se la encuentra con frecuencia en muchos hombres que, careciendo de otras aptitudes en la lucha por la vida, explotan sus condiciones físicas para la lucha sexual. La vida común entre cónyuges que se engañan es una sucesión de astucias, que constituyen el estado habitual de las relaciones domésticas; baste leer la "fisiología del matrimonio" o "la mujer de treinta años", de Balzac. Lo mismo ocurre en los matrimonios de conveniencia, donde los cónyuges viven simulando sentimientos que no sienten. El hombre incurre en muchas otras simulaciones; son innumerables y cualquiera podría encontrar más de una en sus recuerdos. Un joven singularmente favorecido en el amor, veíase con frecuencia obligado a simular enfermedades diversas para eludir compromisos contraídos con sus amigas; otro solicitó con ese objeto un certificado médico y simuló haber contraído una enfermedad vergonzosa para privar de su amistad a una Dulcinea insaciable. En su pertinaz obsesión de conquista, el hombre y la mujer simulan sin cesar, a todo propósito, en todo momento. La mirada, la palabra, la voz, el gesto, son los instrumentos sutiles del dulce engaño recíproco; nadie los ignora y todos los creen. Es la forma de engaño a que todos recurren y de que nadie intenta defenderse. En que la víctima sea siempre Doña Inés debe verse un buen error para hilvanar novelas; ella es más artista, casi siempre, que Don Juan. Los engaños de amor no son pecados.

En la lucha por la vida dentro de la sociedad tienen funciones importantes los grupos profesionales; la solidaridad de intereses comunes manifiéstase generalmente por el espíritu de cuerpo: una de las formas del "espíritu gregario", señalado por Nietzsche y recientemente criticado por Palante. Esa lucha de cada grupo profesional contra el resto de la sociedad presenta caracteres bien definidos; los medios fraudulentos y la simulación, tienen allí lugar de preferencia. En cada profesión existen simulaciones específicas. Recuérdese el precioso cuadro, trazado por Quevedo, de las cosas que debe fingir un médico que aspire a la estimación pública y a la riqueza; y, por lógica asociación de ideas, recordemos a tal eximio profesor de clínica médica que terminaba sus lecciones dando consejos sobre lo que conviene simular cuando la vida del enfermo es independiente de la intervención del médico, debiendo la sanación esperarse de la simple *vis medicatrix naturae*. Otra simulación, general entre los médicos delicados, nace del espíritu de cuerpo; mil veces, ante un enfermo cuyo mal agravóse por la impericia del médico a quien confiara su salud, simúlase estar plenamente conformes con el tratamiento seguido, reemplazándolo, sin embargo, por otro, elogiando al mismo tiempo ante el enfermo al colega ignorante. En todos los oficios la lucha profesional involucra fenómenos de simulación. Los joyeros han inventado sucesivamente el enchapado, el dorado, y otros progresivos refinamientos de simulación, que en el impreciso lenguaje usual son llamados imitaciones; las esferitas de cristal simulando perlas son ya indistinguibles de la preciosa enfermedad de la concha. El carpintero, para aumentar sus utilidades, reviste de una tenue capa de maderas finas sus malos muebles de tabla ordinaria. El tejedor mezcla pocas hebras de seda a sus toscos tejidos de algodón, para simular que ellos son de la primera substancia. El abogado simula en vastos escritos apasionarse por los intereses de sus clientes, sea éste el ladrón o la víctima, mientras sólo preocúpale asegurarse más lautos honorarios. El pupilo simula estudiar sus lecciones, cuando en realidad lee libros de Boccacio o de Brantôme, que ha disfrazado previamente con tapas de aritmética o de geografía. Los tenores y las tiples simulan estar resfriados cuando se les invita a cantar, para aumentar el éxito o atenuar el fracaso de su ejecución. En cada actividad u oficio, como se ve, las condiciones especiales de lucha por la vida han engendrado formas apropiadas de simulación, confirmándose el paralelismo que venimos observando.

Si se encara la cuestión desde otro punto de vista, es fácil reconocer que todos los miembros de cada profesión, y más especialmente los funcionarios públicos que no gustan del mucho trabajar, viven en tácito acuerdo simulando la excesiva importancia y fatiga de sus tareas; algunos llegan, por autosugestión, a engañarse a sí mismos. A esto no escapan algunos hombres de ciencia que miran el universo a través del lente opaco de su especialidad; quizás sea ésta una forma de disimular su ignorancia crasa en materias ajenas a sus respectivas cartillas. En todas esas simulaciones debemos ver medios útiles de lucha por la vida; simulando una gran importancia de la profesión o especialidad que se practica, gánase en mérito individual.

Simuladores por excelencia son todos los políticos de profesión. Es fácil verlos, en todo momento, fingiendo preocuparse del bien de su patria y de sus conciudadanos, mientras en realidad su única preocupación es obtener ventajas personales en la lucha por la vida. Cualquier mandatario simula sacrificarse por su país al aceptar el nombramiento, pero guárdase de confesar que espera sacar de su sacrificio honra y provecho. En una escala subalterna encontramos al falso elector, que simula ser la encarnación de un difunto o de un ausente; al orador de club que finge entusiasmarse para adular pasiones que no siente; al esclavo de la popularidad, forzado a seguir las variaciones sentimentales de la multitud cuyo aplauso busca. Es en la política, por fin, donde florece el hombre-camaleón, el arquetipo de los simuladores, el cortesano adulador que sirve con igual celo a todos los que pueden colmarle de favores, lacayo de todos los amos, unidad de todas las mayorías, instrumento de todos los despotismos.

Sólo una casta disputa a los políticos el cetro de la simulación: los sacerdotes de todos los cultos, antiguos y modernos. Es necesario leer la "historia de los oráculos", de Fontenelle, pues nunca ha visto la humanidad farsantes más empedernidos que los explotadores del sentimiento religioso; no exageraba Eusebio, el biógrafo de Constantino, diciendo que al derribar el templo de Esculapio no había expulsado de él a un dios ni a un demonio, sino al pícaro simulador que por tanto tiempo había vivido de la credulidad de los ignorantes. Cuéntase que los augures no podían encontrarse sin soltar la risa; sabemos que los obispos medioevales invocaban el nombre de la divinidad para atesorar bienes temporales; en tiempos modernos los inquisidores católicos quemaban herejes para heredarlos, en nombre de Cristo; en nuestra América colonial la pretendida evangelización fué una formidable industria cuyos beneficios el brazo espiritual disputó a cuchillo con el brazo temporal. No diremos por esto que no hay sacerdotes creyentes, ya que los de cada religión son educados para creer en los dogmas que le son propios y es verosímil que se entreguen de buena fe al servicio de su culto. Pero es indudable que muchos de ellos, por el amor al estudio y por su amplitud de miras intelectuales, han conseguido comprender la falacia de los dogmas inherentes a su doctrina, viéndose obligados a luchar por la vida simulando creer lo que ya no creen. Innumerables simulaciones de castidad, de continencia, de frugalidad, son reglamentarias en esta profesión. Las ceremonias de ciertos cultos, destinadas a mantener el celo de los creyentes, consisten por lo general en simulaciones más o menos simbólicas, cuya práctica convierte a los sacerdotes en consumados actores de pantomima.

A este propósito merece recordarse la obra de Spencer sobre las "Instituciones Ceremoniales", donde se encuentra un cuadro interesante del origen y evolución de las simulaciones sociales, cuya sorprendente complejidad sugiere una idea aproximada del refinamiento a que el hombre puede llevar sus simulaciones, en su afán de adaptarse a las costumbres del medio en que lucha por la vida.

La necesidad de limitar este ensayo general, escrito como simple introducción al estudio de la simulación de la locura, nos detiene en el examen de las formas colectivas de la simulación. Pero antes de pasar a las formas individuales, debemos advertir que podrían analizarse cientos de formas distintas, enriqueciendo con infinitas observaciones estas breves notas, suficientes para nuestro objeto: establecer que a toda forma colectiva de lucha los hombres han adaptado formas comunes de simulación.

III.—FORMAS INDIVIDUALES DE LUCHA Y DE SIMULACIÓN

En la breve reseña precedente hemos visto que

cuando existen formas colectivas de lucha por la vida, o condiciones de lucha comunes a varios individuos, se observan formas de simulación que les son correlativas. Pero, aparte de esas formas o condiciones comunes de lucha, cada individuo, por su particular constitución fisiopsíquica y por sus relaciones especiales con el ambiente, encuéntrase en circunstancias distintas; por ese motivo los modos de lucha revisten caracteres personales, inclusive los fraudulentos. Siempre, sin embargo, vemos persistir el paralelismo entre cada una de aquéllas y una forma de simulación empleada como medio ofensivo y defensivo. Podría, pues, formularse esta premisa general: *todos los hombres son más o menos simuladores, aunque sólo en algunos la simulación es el medio habitual y preferente de lucha por la vida.*

Equivocado sería considerar las formas individuales de fraudulencia como producto puramente instintivo, como si el hombre fuese naturalmente perverso o mentiroso, egoísta o hipócrita. La organización social presente impone al individuo esas cualidades, en mayor o menor grado, si quiere atenuar la ruda lucha a que el medio le somete; muy pocos han sido de tal manera dotados por la naturaleza, que puedan atreverse a luchar en plena disconformidad con su ambiente.

Un escritor rebelde, S. Faure, sintetiza en el siguiente párrafo de "El Dolor universal" las razones que obligan al hombre a ser egoísta y a luchar encarnizadamente contra sus propios semejantes: "Las condiciones de la lucha nos hacen ver en cada hombre un rival presente o futuro, directo o indirecto, voluntario o involuntario. El antagonismo de intereses es la base principal del sistema económico contemporáneo. El interés del gobernante es contrario al del gobernado, el interés del patrón contrario al del obrero, el interés del vendedor al del comprador. Hay dualismo constante entre el bien del rico y el bien del pobre. Y no es todo: hay conflicto permanente y forzado entre gobernante y gobernante, entre patrón y patrón, entre obrero y obrero, entre vendedor y vendedor, entre rico y rico, entre pobre y pobre. En todas partes la lucha es encarnizada, por un mendrugo lo mismo que por una embajada, por un empleo de guardián de plaza como por una dirección de establecimiento científico, por la dote de una joven burguesa como por la conquista de una herencia, por un buen local en una feria lo mismo que por una ventajosa expropiación".

Esa multiplicidad de antagonismos determina un refinamiento de los medios astutos de lucha por la vida, y, por consiguiente, de la simulación. El individuo menos apto para simular ciertas adaptaciones al medio, que son de primera necesidad, es candidato a ser vencido en la lucha, produciéndose entonces aquellas falsas selecciones de que ya hablamos, inevitables en un ambiente social cuya organización suele ser perniciosa para la expansión del individuo.

Como no hay esfera de la actividad individual exenta de lucha, tampoco la hay donde no se observen fenómenos de simulación para adaptarse a ella; muchas veces no es posible fijar la línea divisoria entre las simulaciones individuales y las colectivas.

Surge esta observación lógica: la edad, el sexo, la clase social, etc., influyen sobre la mayor o menor frecuencia de la simulación, lo mismo que sobre los otros medios fraudulentos, precisamente porque esas circunstancias actúan sobre los dos factores que determinan la simulación: el coeficiente fisiopsíquico de los sujetos y las condiciones del ambiente donde se lucha por la existencia.

A medida que el niño va formando su personalidad y conociendo las personas que le rodean, observa, si no es tonto, que la conducta de las más es puro fingimiento. Fingimiento es todo lo que le enseñan como discreción y fingimiento la cortesía; fingimiento las buenas maneras y fingimiento la galantería. Finge éste para ascender, y el otro para pedir, y todos para medrar; finge el necio, finge el sabio, finge el pícaro, el lacayo, el príncipe, el cortesano. Cada uno finge lo que no es y quisiera parecer en el momento de enmascararse para engañar a su semejante.

Habría que repetir el cuadro que en pocas líneas de "El Criticón" (Crisi VII) trazó Baltasar Gracián: "Cuando vieres un presumido de sabio, cree que es un necio. Ten al rico por pobre de los verdaderos bienes. El que a todos manda es esclavo común. El grande de cuerpo no es muy hombre; el grueso, tiene poca sustancia. El que hace el sordo oye más de lo que querría. El que mira lindamente es ciego o cegará. El que huele mucho huele mal a todos. El hablador no dice cosa. El que ríe regaña. El que murmura se condena. El que come más come menos. El que se burla tal vez se confiesa. El que dice mal de la mercadería la quiere. El que hace el simple sabe más. Al que nada le falta él se falta a sí mismo. El avaro, tanto le sirve lo que tiene como lo que no tiene. El que gasta más razones tiene menos. El más sabio suele ser menos entendido. Darse buena vida es acabar. El que la ama la aborrece. El que te unta los cascos, ése te los quiebra; el que te hace fiestas, te ayuda. La necedad la hallarás de ordinario en los buenos pareceres. El muy derecho es tuerto. El mucho bien hace mal. El que excusa pasos da más. Por no perder un bocado se pierden ciento. El que gasta poco gasta doblado. El que te hace llorar te quiere bien. Y al fin, lo que uno afecta y quiere parecer, eso es menos". Ése es el espectáculo que el hábito de simular ha difundido entre los hombres, poniendo en todo el fraude y el fingimiento hasta convertir la sociedad en una inmensa tertulia de enmascarados que procuran engañarse recíprocamente, como en la escena que describe el mismo Gracián: "No hubo hombre ni mujer que no saliese con su máscara y todas eran ajenas. Había de todos modos, no sólo de diablura, pero de santidad y de virtud, con que engañaban a muchos simples, que los sabios claramente les decían se las quitasen. Y es cosa notable que todos tomaban las ajenas y aun contrarias. Porque la vulpeja salía con máscara de cordero, la serpiente de paloma, el usurero de limosnero, la ramera de rezadora y siempre en romerías. El adúltero de amigo del marido, la tercera de saludadora, el lobo del que ayuna, el león de cordero, el gato con barba a lo romano, con hechos de tal. El asno de león, mientras calla; el perro rabioso de risa, por tener falda, y todos de burla y engaño".

Educados entre esa simulación general, impuesta a todos por la hipocresía organizada como base de la vida en sociedad, los niños aprenden precozmente a disimular sus intenciones y sus deseos; a ello contribuye el juego, que suele ser una disciplina de la ficción. La aptitud se perfecciona a medida que el niño reconoce la utilidad de la simulación, hasta que al fin la aplica a fines de provecho. El hecho es banal; todos, en la niñez, hemos simulado estar indispuestos o enfermos para eludir un deber o para satisfacer un capricho.

Fácilmente se explica la tendencia de los niños a la simulación. La debilidad resta eficacia al uso de los medios violentos y aparta de ellos; por compensación el débil refina los medios fraudulentos, únicos de que dispone. Fuera pedante recurrir a la inmensa bibliografía moderna para demostrar que todas sus formas campean soberanas en la psicología infantil; la inocente bondad de los niños es una leyenda caída en desuso. Hemos tenido ocasión de estudiar a un degenerado incorregible: cada vez que se le castigaba, o cuando deseaba realizar un capricho, simulaba un gran ataque epiléptico, acompañado de gritos ensordecedores; otro, con toda oportunidad, simulaba enfermarse para eludir el cumplimiento de deberes que le eran desagradables. Los que se sorprendan de que los niños simulen tan frecuentemente, podrían recordar que han simulado, muchísimas veces, las más extravagantes dolencias con el modesto objeto de faltar a la escuela.

En los exámenes la simulación es frecuentísima. Tuvimos un condiscípulo que sabía fingir admirablemente un estado febril cada vez que debía superar un examen difícil; gran expediente para quebrantar la severidad de los examinadores. Generalmente los alumnos simulan poseer conocimientos que en realidad no tienen. Otros fingen no oir las interrupciones de los examinadores, cuando ellas pudieran ser causa de fracaso. Algunos simulan una amnesia transitoria, aparentando escarbar en el fondo de su memoria conocimientos que jamás han adquirido.

El niño, llegado a la juventud, se encuentra rodeado por gentes que quieren imponerle opiniones, creencias, gustos, que no son los suyos. Si se aviene a simularlos, todos a una repetirán que es un joven de porvenir, que hará carrera, que será un hombre de mundo, es decir: un ser convencional cuyas apariencias están de acuerdo con la mentira organizada. En otra época ese joven hacía su carrera en las cortes; hoy se hace burócrata, generalmente.

En la burocracia hay un inmenso campo para el ejercicio de la simulación individual. Junto a los empleados verdaderamente útiles y productivos, hay legiones enteras de parásitos y serviles que viven simulando "trabajar", como si fuera creíble que consagran su actividad física e intelectual a producir algo útil para la sociedad; nadie ignora, a fe, que el parásito de oficina limítase a usufructuar los beneficios que ha sabido conquistar con la flexibilidad de su espinazo o con las recomendaciones que le empujan. Ésta es la "selección servil" descrita por Sergi; de ella hizo Turati un breve pero ingenioso análisis aplicado a la vida política y social.

Es una de las simulaciones más perjudiciales a la sociedad: la del que nunca ha hecho cosa útil alguna y vive simulando el trabajo para justificar la prebenda que percibe. Las simulaciones de estos parásitos sociales tienen los mismos efectos que las simulaciones del parasitismo animal. Sus actores, sin embargo, minan las bases de todo sentimiento de justicia; Novicow, mejor que otros, lo ha demostrado hasta la evidencia.

En el orden de las creencias la ficción es tan corriente como en el de la actividad. Es común que los hombres sin ideas propias se dejen llevar por la corriente de la moda; teósofos ayer, anarquistas hoy, modernistas mañana, adhieren siempre a las doctrinas de que se habla más, fingiendo así que son hombres ilustrados: eso, que suele llamarse "dilettantismo", es una simulación de la sabiduría y es frecuente en los individuos que por su misma ignorancia son más sugestionables.

Cuando se acentúa en una sociedad el gusto por

las letras, las artes y las ciencias, los que carecen de él lo simulan: leen novelas de autores cuyos nombres suenan, frecuentan exposiciones de pintura o discuten la pluralidad de los mundos habitados, no porque ello les interese sino para simular los gustos que están de moda.

Las simulaciones en el ambiente intelectual son interesantes y difundidas. Tal escritor finge estar apasionado por un asunto que no le interesa, pero que apasiona a su público; tal otro simulará creer en una hipótesis, que sabe absurda, si ella le sirve para confirmar o consolidar las opiniones que sostiene. Las circunstancias infinitas de la lucha hacen innumerables las formas posibles de simulación. Recordamos dos casos originales, cuyos autores conocimos personalmente. Un joven anónimo consiguió publicar versos suyos en un diario muy importante, simulando que pertenecían a un autor muy estimado. Otro propúsose colaborar en una revista bien conceptuada, salvando el doble obstáculo de su juventud y sus ideas revolucionarias; envió su artículo al director con una carta simulando atravesar por circunstancias críticas que le inducían a ofrecer en venta su trabajo, que el director encontró aceptable, y creyó justo ayudar al autor. En ambos casos el éxito fué debido a la simulación; en el primero de persona, en el segundo de indigencia.

El literato que no tiene aptitudes originales para luchar en el ambiente intelectual, simula maneras de pensar y de sentir adaptadas al gusto dominante de los lectores; eso, combinado con la sugestión, caracteriza al "snobismo". Será clásico, romántico, parnasiano, modernista, esteta o decadente; pero en lugar de ser "él mismo" vivirá simulando lo que no es. Para adaptarse a la corriente seguirá el modelo favorito y cuando sea gustado el buen estilo se convertirá en sastre de trajes verbales que no visten idea alguna; de esa manera se forman ciertas "escuelas literarias" en que una cohorte de tontos simula poseer las cualidades que han determinado el triunfo de un maestro. Otros hay que en sus poesías simulan estar locos de amor, indignados, entusiasmados, ebrios, enfermos; no teniendo nada real que decir ni que pensar, procuran disimular tras vaporoso celaje de idealismo sus ficciones anodinas. En estos últimos años todos los poetas principiantes parecen incapaces de escribir versos si no simulan tener una amada, que debe ser princesa o duquesa, y revestida de cualidades suprasensibles. A Dante le bastó una Beatriz y a Petrarca una Laura, que eran, simplemente, bellas mujeres.

Hay simuladores de más bulto. Sin haber estudiado son tenidos por doctos y sin haberse quemado las cejas disfrutan de buena fama; nunca se ríen, hablan con solemnidad, juzgan con prudencia, midiéndose en todo para no descubrir su ignorancia. Uno de nuestros profesores simulaba mucha ciencia estudiando en revistas novedades raras para cuestionar sobre ellas a los alumnos, que se boquiabrían de sorpresa ante su originalidad siempre renovada.

Pocos individuos se ven tan obligados a simular como los periodistas de profesión; escriben simulando profesar las ideas del director del diario que los paga o la opinión del público que los lee. Su personalidad real desaparece en un mundo interior que están constreñidos a disimular. Su mimetismo mental excede al del camaleón; si cambian de diario, cambian de aspecto: ayer conservador, mañana liberal, después clerical o anarquista, según las circunstancias. Pero nos es fuerza abreviar; sobran los ejemplos enunciados para evidenciar la difusión de estos hechos en la lucha por la vida intelectual.

En otros campos de observación, aparecen ejemplos variados, siempre interesantes. Numerosos simuladores hay entre los individuos dedicados profesionalmente a la propaganda de ideas políticas, religiosas, sociales, etcétera. En ellos existe, *modus vivendi*, la obligación de simular a hora fija, y ante públicos variados, pasiones y entusiasmos que en algunos casos riñen con su estado del momento; si no fuesen oportunamente simuladores comprometerían, junto con su prestigio, el pan cotidiano que ganan mediante la simulación. Ellos constituyen la triste antítesis del apóstol lleno de fe y de convicción que se sacrifica en la propaganda de una idea, noble o absurda, pero que, sinceramente, considera buena o justa.

Un conocido industrial, ardiente volteriano y sindicado por sus ideas liberales, acabó por afiliarse, en calidad de socio protector, a un círculo católico de obreros. Preguntado por qué simulaba una religiosidad que no sentía, nos dijo que su objeto era inducir a los obreros a que ingresasen a dichos círculos, para sustraerlos a la influencia de otras sociedades que difunden ideas nocivas a los intereses de los capitalistas.

Fácilmente encuéntranse mujeres que simulan desmayos o enfermedades para obtener una ventaja cualquiera en ciertas circunstancias especiales. Conocimos una joven señora que simulaba ataques histéricos frecuentes, esperando, de esa manera, aumentar el cariño de su esposo; la simuladora ignoraba que éste se quejaba con el médico por su desgraciada elección conyugal, aunque, a su vez, simulaba a la falsa histérica un aumento de cariño por piadosa condescendencia. Sabemos de un hombre a quien su esposa martirizaba con sus celos e histerismos; de pronto creyó que algún milagro había devuelto la felicidad a su hogar, trocándose las precedentes reconvenciones en cariñosas amabilidades: simuladas por la infiel, desde que lo fué. Mujeres que temen ser abandonadas por sus amigos simulan frecuentemente estar encinta, y aun sus consecuencias; ello sirve admirablemente para evitar una separación o asegurarse subsidios especiales.

La situación económica de los individuos lleva con frecuencia a simulaciones que ayudan a luchar por la vida. El pobre suele simular una situación mejor de aquélla en que realmente se encuentra; su traje y sus palabras son a menudo un disfraz de su miseria.

También el rico puede verse en el caso de simular que es pobre; indudablemente lo hacen todos los Harpagones del mundo, para evitar que la caridad llame a sus puertas, obligándoles a aflojar el lazo ceñido al cuello de su bolsa por la mano de la avaricia. Ninguno de esos tipos aventaja en simulaciones a los sablistas, que por acá llamamos "pechadores"; el uno, sencillo y humilde, se bebe de inmediato lo que pidió para comer; otro teje novelas epistolares describiendo tragedias del hogar; los hay copetudos y aristocráticos, que pechan ofreciendo servir a la víctima con sus influencias mundanas o políticas; y hay, por fin, pechadores intrépidos que encuentran en todo hombre un candidato y en todo momento una oportunidad. Una de sus características es que creen que el uso crea verdaderos derechos, ofendiéndose el día que una víctima descubre sus patrañas y se resiste a pagar ese impuesto al parasitismo.

El comercio es complicado engranaje de simulaciones; preocúpase el comerciante de fingir tal interés por su cliente, que, si en realidad lo tuviera, sería causa de su propia ruina. La etiqueta suele ser una simulación aplicada a la calidad del artículo. Hay casa de comercio cuya fundación es simulada con el único propósito de estafar a los fabricantes o al público. La falsificación no es más que un refinamiento comercial de la simulación, teniendo en su desfavor la circunstancia de perjudicar directamente al falsificado. La ceremoniosidad con el cliente, desarrollada en los que atienden despachos comerciales de toda índole, importa una verdadera educación de las aptitudes para simular.

Aunque en los centros civilizados no se cree ya en augures y oráculos, subsiste en las gentes cierto fondo supersticioso que las hace entregarse a otros simuladores del mismo género: las adivinas y los curanderos. Hemos conocido a uno de estos últimos que recibía a sus víctimas envuelto en una larga túnica negra, sentaba al enfermo, le tocaba el occipucio y trazaba en el aire misteriosos signos con una espada; al terminar simulaba un ataque de nervios, durante el cual, según decía, penetraban a su cuerpo, ignorábase por dónde, varios espíritus que le comunicaban el diagnóstico del paciente y las indicaciones terapéuticas. En amable coloquio nos refirió su ficción, que le resultaba un medio fácil de ganarse la vida.

Sin que por ello creamos que del comercio a la delincuencia hay breve trecho, recordaremos que en el mundo de los negocios y en la alta banca la simulación con fines delictuosos y usurarios es frecuente; el "Sylock" de Shakespeare, el "Robert Macaire" de Lemaître, el "Mercadet" de Balzac, el "Saccard" de Zola, son arquetipos del fraude, vivientes en todas las grandes urbes. Laschi los estudió según la antropología criminal. Disimulan sus delitos en la complicación financiera y eluden hábilmente las débiles redes del código penal, que parecen tejidas para atrapar tan sólo a los pequeños delincuentes; alguno conocemos que simula ser contratista de obras públicas cuando realiza sus fraudes gigantescos, escudado por la complicidad de algún alto funcionario que simula firmar contratos para beneficiar al pueblo y embolsa silenciosamente su coima.

Entre los ladrones que hemos estudiado en la clínica criminológica establecida en la Policía de Buenos Aires por el profesor Francisco De Veyga, muchísimos son los que simulan haberse dedicado al robo porque son partidarios de las ideas filosóficas de Proudhon, que dijo: "la propiedad es un robo"; en realidad su único objetivo es justificar con esas ideas los actos antisociales que constituyen su método de lucha por la vida.

En otras formas de delincuencia profesional la simulación es llevada a sus extremos. Los parásitos sociales, cuyas formas típicas estudiaron Massart y Vandervelde, suelen simular el desempeño de alguna función útil, que en realidad no efectúan. Típico es el *caften*, repugnante entre todos los parásitos, especialista en la trata de blancas; sabido es que simula ser un protector de sus víctimas, haciendo creer a las más incautas que gracias a él se ven libres de presuntas persecuciones de la autoridad.

Creemos suficientemente demostrado nuestro principio general: a cada modalidad de lucha por la vida la astucia humana adapta una forma especial de simulación. Sería interminable la lista si quisiéramos presentar un ejemplo de cada una de esas formas; siendo numerosísimas las condiciones individuales de la lucha, también deben serlo las estrategias que el hombre utiliza para ofender y defenderse.

IV.—UTILIDAD DE LA SIMULACIÓN EN LA LUCHA POR LA VIDA

Fácil sería volver la oración por pasiva, reuniendo en un solo golpe de vista todos los fenómenos inversos a los que hemos observado. Llegaríamos a formular esta regla: el hombre menos apto para simular está más expuesto a sucumbir en la lucha por la vida.

En verdad, escapan a ella algunos tipos especiales; pero las reglas no se formulan para las excepciones. El hombre superior, el que puede imponerse a su ambiente sin necesidad de adaptarse a él, constituye en efecto, una excepción; acaso no sea la única. Pero esa excepción, y otras que hubiera, no invalidan la regla general, que está de acuerdo con otras nociones similares. La lucha por la vida entre los hombres evoluciona de las formas violentas a las formas fraudulentas; esto determina el desarrollo de medios de lucha fundados en el fraude. El hombre primitivo vence a golpes de maza o de hacha; el civilizado domina con la fuerza de la astucia. El ambiente impone la fraudulencia; vivir, para el común de los mortales, es someterse a esa imposición, adaptarse a ella.

Quien lo dude, imagínese por un momento que el astuto especulador no simule honestidad financiera; que el funcionario no simule defender los intereses del pueblo; que el literato adocenado no simule las cualidades de los que triunfan; que el comerciante no simule interesarse por sus clientes; que el examinado no simule conocimientos de que carece y el profesor una profundidad inconmensurable; que el parásito no simule ser útil a su huésped y la barragana ser madre; el bruto inteligente y el inteligente bruto, según las circunstancias; que la adivina y el curandero no aparenten facultades sobrenaturales, para sugestionar a su clientela; que el pícaro no simule la tontería y el superior la inferioridad, según los casos; el niño una enfermedad, el maricón el afeminamiento, el propagandista la pasión, la esposa astuta el histerismo y el marido desgraciado el amor; que el patrón no finja ser católico y el ladrón ser anarquista; que el periodista no simule pensar lo mismo que su director o su público: se tendrá una falange de probables vencidos, casi seguramente vencidos, en la lucha por la vida. Ésa es la regla, sin que desconozcamos la excepción.

"Existen, dice S. Faure, naturalezas intrépidas y leales, demasiado saturadas de verdad y de franqueza para plegarse a las exigencias de la vil estrategia que obliga a ser mentirosos e hipócritas para no ser vencidos en la lucha por la vida. Lo que piensan esos caracteres fuertemente templados, salta a sus labios; gritan sus desagrados, sus rebeldías, sus indignaciones, de la misma manera que afirman sus aspiraciones y sus ideales. Si son obreros, se les arroja de los talleres como ovejas sarnosas que podrían contagiar la majada; si comerciantes, pierden su clientela y su crédito; si funcionarios, son destituidos; si escritores, se les quiebra la pluma; si hablan, se les condena al silencio de la prisión; sus mejores amigos los encuentran comprometedores; sus parientes los reniegan; su propia familia no les perdona que hayan levantado la voz indignada contra la mentira socialmente organizada; y la multitud, si es feroz, los tratará como a malhechores, si es indulgente los llamará locos. Tartufo es el rey; suyo es el triunfo. Decid a vuestro auditorio las necedades más viles, las más bajas adulaciones, y os aclamará; decidle la verdad, le será desagradable y os execrará." ¡Y alguien se asombra de que frente a la hipocresía social el individuo se incline a ser astuto y mentiroso, simulador y fraudulento, diplomata y estratega, táctico y disimulado! Sorprenderse de ello sería llegar al colmo de la ficción. Un mundo de farsantes y de hipócritas empuja al individuo a engañar a sus semejantes. Todo le dice: ¡Miente y simula!; él simula y miente. La culpa es de una moral social que tiene sus bases en la mentira; la educación está envenenada por ella; la tolerancia general agrava en cada uno esta triste aptitud de engañar para vivir.

V.—CONCLUSIONES

En las sociedades humanas, la lucha por la vida reviste múltiples aspectos individuales y colectivos; a cada forma de lucha el hombre adapta maneras especiales de simulación y disimulación. Existe un franco paralelismo entre las formas de lucha y las simulaciones correspondientes. Para el común de los hombres, "saber vivir" equivale a "saber simular"; sólo algunos individuos superiores, dotados de especiales condiciones para la lucha por la vida, pueden imponer su personalidad al ambiente, sin someterse a simular o disimular para adaptarse. Los hombres, en general, adáptanse tanto mejor al medio en que luchan por la vida, cuanto más desarrollada tienen la aptitud para simular.

4

PSICOLOGÍA DE LOS SIMULADORES

I. La psicología sintética y los caracteres humanos.—II. Los elementos del carácter y su combinación en la personalidad.—III. Los "hombres de carácter" y los "hombres sin carácter" en la lucha por la vida.—IV. La simulación como elemento del carácter.—V. Predominio de la simulación en la personalidad.—VI. Clasificación de los simuladores.—VII. Los simuladores por adaptación al medio ("astutos" y "serviles").—VIII. Los simuladores por temperamento ("fisgones" y "refractarios").—IX. Los simuladores patológicos ("psicópatas" y "sugestionados").—X. Conclusiones.

I.—LA PSICOLOGÍA SINTÉTICA Y LOS CARACTERES HUMANOS

Las diversas formas de actividad mental, indisolublemente unidas en la personalidad, intervienen como elementos armónicos en la constitución del carácter individual, que se exterioriza bajo la forma de conducta: conjunto de acciones y reacciones mediante las cuales el individuo se adapta al medio en que vive, o manera personal de reaccionar a las excitaciones recibidas del medio interior y exterior.—Lo que psicológicamente (para la personalidad individual) llamamos *carácter*, éticamente (para la personalidad adaptada al ambiente moral de la sociedad) se traduce por la *conducta*.

Podemos, pues, considerar al carácter como *el instrumento psicológico de la conducta*. Siempre es una expresión *sintética* de la psiquis humana, de la personalidad.

Taine, primero, y luego Ribot, al comentar su libro "La Inteligencia", insistieron sobre la necesidad de complementar las investigaciones de psicología general, analítica y abstracta, con estudios de psicología sintética y concreta, es decir, de psicología aplicada. "La psicología, cuyo objeto es el estudio de los fenómenos mentales, en general, no excluye en manera alguna el estudio de los seres reales, de los individuos que sienten y piensan. Así entendida, es y seguirá siendo una obra de clasificación, una taxonomía; ella determina los tipos y las variedades específicas. La psicología general permanecerá siempre muda a este respecto, pues, por su misma naturaleza, despreocúpase de lo que no es general; su obra consiste en clasificar los procesos mentales, sin inquietarse por las combinaciones resultantes de sus diversas condiciones. Al contrario de la psicología general, que es principalmente analítica, la psicología aplicada será, sobre todo, sintética, por lo menos en cuanto a sus fines". Y agrega el mismo Ribot, estudiando la psicología de los sentimientos: "Repetidamente, muchos autores han señalado, con razón, que el gran trabajo realizado hoy en el dominio de la psicología, debería completarse por estudios directamente opuestos; es decir, que la psicología analítica y abstracta tiene por complemento indispensable una psicología sintética y concreta. Como toda ciencia, la psicología procede por generalidades. Ya se ocupe de las percepciones o de los conceptos, de la asociación de ideas o de los movimientos, de la atención o de las emociones, ella toma esos hechos en todas partes donde los encuentra, en todos los hombres, en todos los animales, y trata de explicarlos, reduciéndolos a sus condiciones más generales. Parte de la suposición, implícita, que en cada hombre hay instintos y costumbres, fenómenos intelectuales, afectivos, voluntarios. ¿Pero en qué proporciones se combinan esos elementos para constituir las diversas individualidades psicológicas? ¿Qué múltiples combinaciones pueden producir? ¿Hay preponderancia de las emociones, de la inteligencia o de la acción? ¿La preponderancia de la una influye sobre el desarrollo de las otras?" (*Psychologie des sentiments*). Estas cuestiones son eminentemente prácticas y ajenas, por lo tanto, a la psicología general. Pero así como en medicina no hay enfermedades, sino enfermos, en psicología no hay una humanidad, sino hombres; todo no puede reducirse al estudio analítico general de cada fenómeno, pues la comprensión sintética no es desdeñable. Los elementos del carácter se combinan, no se suman simplemente; de allí que para conocer el conjunto no baste el conocimiento aislado de los componentes. El estudio sintético es más necesario a medida que se asciende de lo inorgánico, a lo orgánico, a lo consciente, a lo social. En suma, es justo decir que la psicología analítica y abstracta tiene por complemento indispensable una psicología sintética y concreta... El problema capital de esta última reside en el campo de la acción, no del conocimiento. Es práctico. Consistirá en determinar los principales tipos de individualidad, según su manera de actuar y de reaccionar, originada en los sentimientos y en la voluntad. Eso desígnase con un término, un tanto vago, consagrado por el uso: el "carácter". Es decir, consistirá en el estudio de la conducta como resultado del carácter individual.

En el mismo orden de ideas encuéntranse Hoffding, Pérez, Malapert, Queyrat y otros psicólogos que estudiaron los caracteres humanos. Paulhan enuncia este concepto más explícitamente. Fouillée, aunque tiende a separar de la psicología propiamente dicha el estudio de los caracteres, le asigna proporciones y objetivos semejantes. Todos los autores concuerdan en la necesidad de estudios sintéticos de la personalidad humana, determinando y clasificando sus diversas formas según la relativa preponderancia de alguno de los elementos psicológicos en la conducta del individuo, actuando sobre su personalidad.

Los métodos aplicables al estudio del carácter son cuatro. El *empírico*, propio de todos los tiempos y accesible a todos los observadores; el *razonante* fué propio de los filósofos, reducidos a especulaciones abstractas acerca del proceso íntimo de los hechos estudiados; el *fisiológico*, cimentado sobre las doctrinas relativas al "temperamento" individual, cuya consecuencia fué detener a muchos autores en la investigación de las bases orgánicas del carácter y de sus manifestaciones; el *psicológico*, creado por Stuart Mill, que lleva a estudiar el carácter en sus manifestaciones psicológicas sintéticas, y que podríamos llamar el procedimiento clínico.

Ribot sólo señala dos métodos: el fisiológico y el psicológico. Malapert indica los tres últimos. Sin embargo, conviene señalar que el empírico, por ellos

86

omitido, fué en toda época el más generalizado y fecundo, fundándose en la simple observación directa; las más geniales manifestaciones del arte, que alcanzan la sanción de la clasicidad, son estudios empíricos del carácter humano. Los tipos creados de Shakespeare a Ibsen, de Cervantes a Zola, de Calderón a Dostojewsky, serán eternos modelos psicológicos de caracteres humanos, empíricamente observados; los mejores trabajos debidos al método científico podrán equiparar, mas no superar, a un tipo de Macbeth o Stockmann, Sancho o Saccard, Segismundo o Raskolnikoff.

El procedimiento empírico no subordina sus resultados al rigor de su método, sino a la perspicacia del escritor; se funda en una aptitud psicológica personal. El razonante reduce mucha parte de su labor a especulaciones estériles, sólo utilizables cuando corresponden a la observación empírica. El fisiológico tiende a estudiar las bases orgánicas del carácter, antes que sus manifestaciones mismas. El psicológico conduce al estudio directo del carácter, al estudio *clínico* de sus expresiones psicológicas; es el método por excelencia, dada la imposibilidad de experimentar la formación y las evoluciones del carácter. Fuerza es convenir con Malapert en que "el método conveniente para el estudio de los caracteres es, si así puede decirse, el método clínico, constituido esencialmente por la observación, la comparación y una inducción prudente." (*Le caractère*).

II.—LOS ELEMENTOS DEL CARÁCTER Y SU COMBINACIÓN EN LA PERSONALIDAD

¿Cuáles son los elementos constitutivos del carácter humano? ¿Se equivalen por su importancia, por la orientación que cada uno imprime al conjunto de la personalidad, a la conducta?

Antes de exponer nuestro criterio sobre este punto, creemos útil examinar el que no adoptaremos. Imposible sería el análisis crítico de los autores que estudiaron el problema de la constitución del carácter humano; reduciremos nuestro comentario a los autores modernos, más o menos científicos, previa una cita de Platón, recordada por Fouillée: "Cada uno de nosotros está compuesto de una hidra, de un león y de un hombre: la hidra de cien cabezas, es la pasión; el león es la voluntad; el hombre es la inteligencia. Se puede agregar que nuestra modalidad moral cambia cada vez que uno cualquiera de esos tres elementos adquiere un predominio sensible".

Esta imagen contiene ya, en su expresión puramente literaria, la antigua concepción psicológica fundada en las tres "facultades", con el mismo sello intelectualista que la caracterizó durante siglos en esta fórmula: "El hombre es la inteligencia".

El estudio de los fenómenos psicológicos ha entrado ya a otra nueva concepción, que mira la *estesia* y la *kinesia* como formas evolutivas superiores de las funciones biológicas fundamentales: la sensibilidad y el movimiento; concepto cuya síntesis clarísima ha dado Sergi en algunos de sus libros recientes. ("*La Psiche nei fenomeni della vita*", y "*L'origine dei fenomeni psichici*"). Sobre bases análogas ha fundado Ribot su teoría y clasificación de los caracteres humanos.

Las condiciones necesarias y suficientes para constituir un carácter, dice Ribot, son dos: la unidad y la estabilidad. La unidad consiste en una manera de actuar y reaccionar siempre homogénea y constante; la estabilidad es la unidad continuada en el tiempo. Esas premisas le llevan a excluir de los caracteres a la masa de los amorfos y los instables. Sobre esa base, agrega: "La vida psíquica, considerada en su más lata generalidad, puede reducirse a dos grandes manifestaciones fundamentales; sentir y actuar; tenemos, pues, dos grandes divisiones: los sensitivos y los activos".

Ribot no dice que "sentir y obrar" sean dos funciones, sino el doble aspecto de la sensibilidad, que es impresionabilidad, susceptibilidad y excitabilidad del sistema nervioso, a la vez que impulso, tendencia, deseo. La sensibilidad es al mismo tiempo aptitud para el placer y el dolor, y aptitud para desear. Todo ello es movido por la sensibilidad, que en su fase más evolucionada es sentimiento y constituye toda la vida afectiva.

La inteligencia, por su parte, queda relegada a un rol secundario, como fenómeno intermediario entre los sentimientos y la voluntad; "sólo los estados afectivos son primordiales en la constitución del carácter. Forman la capa profunda, de primera aparición; las disposiciones intelectuales forman una segunda capa superpuesta. Lo fundamental en el carácter son los instintos, las tendencias, los impulsos, deseos, sentimientos: todo eso y nada más que eso. Es un hecho de observación tan simple y tan evidente, que no sería menester insistir sobre él si la mayor parte de los psicólogos no hubieran embrollado esta cuestión por sus inveterados prejuicios intelectualistas, es decir, esforzándose por referir todo a la inteligencia, explicar todo por ella, y plantearla como el tipo irreductible de la vida mental".

Esta opinión de Ribot, de cepa genuinamente spenceriana, es excesiva. Indudablemente, los sentimientos son el mayor de los móviles, pero no son todo; si los estados representativos no tuviesen en la vida función alguna, no formarían parte de la vida psíquica. A lo sumo, la cuestión podría reducirse a determinar si la inteligencia es función primitiva, o si es secundaria al sentimiento; pero no a discutir su participación en la actividad psíquica sintética.

Fouillée ha combatido la teoría de Ribot, procurando devolver su prestigio a la tripartición funcional de la actividad psíquica. ¿La inteligencia es, como pretende Ribot, una facultad adventicia y sobreagregada? Contesta Fouillée con pruebas de dos clases: fisiológicas las unas, psicológicas las otras.

Si se tratara simplemente de señalar las condiciones básicas del "temperamento", Fouillée iría hasta admitir la suficiencia de las dos funciones fundamentales, correspondientes a la sensación y el movimiento; pero el "carácter" es algo más que el temperamento, por la intervención misma de la inteligencia, que le agrega modalidades que le son peculiares. Y volviendo sobre la vieja imagen de Platón, concluye su capítulo sobre clasificación de los caracteres: "Puesto que hemos restablecido la presencia de la inteligencia entre los elementos primordiales de la evolución mental, llegamos lógicamente a distinguir tres grandes tipos y géneros de caracteres: el sensitivo, el intelectual, el volitivo."

Sin negar la participación de los tres elementos en la formación del carácter, Morselli asigna papel preponderante al sentimiento, y Sergi, aunque admitiendo la preponderancia de la vida afectiva, reconoce esenciales la inteligencia y la voluntad para la determinación del carácter.

En suma, aun admitiendo el primado del sentimiento, se reconoce generalmente que los tres factores intervienen. El mismo Ribot no hace sino cuestión de *primordialidad*; en rigor él no niega a la inteligencia toda acción sobre la exteriorización de la conducta, sino que la declara consecutiva al sentimiento, lo mismo que la voluntad. Pero esto no hace al caso; la conclusión es que los tres modos de funcionamiento juegan un papel, sea cual fuere el factor primordial o los secundarios.

Esta concepción, fundada en la tripartición funcional, es compartida por la mayoría de los autores modernos, comenzando por Bain. Este autor ("*On the Study of Character*"), guiándose por un criterio estrictamente psicológico, fundó su teoría sobre la distinción de los fenómenos psíquicos en emoción, volición e inteligencia, lo que le lleva a constituir tres tipos fundamentales de carácter: los intelectuales, los emocionales y los volitivos. El mismo punto de vista encontramos en Hoffding; las diferencias individuales serían producidas por la diferente proporción en que se combinan los elementos psíquicos: una primera diferencia característica resultará del predominio que tengan en el individuo los elementos intelectuales, afectivos o volitivos ("*Esquisse d'une Psychologie*").

Otras clasificaciones recientes pueden referirse al mismo tipo de las de Fouillée, Bain y Hoffding: la de Queyrat, la de Levy, etc.

Malapert, en su reciente monografía, trata de agregar un nuevo elemento a los tres clásicos, estableciendo una diferencia entre la *actividad* y la *voluntad*. "En resumen, dice, creemos que entre los elementos constitutivos del carácter, entre las funciones psíquicas esenciales, cuya particular naturaleza y modo de combinación constituyen la fisonomía moral de cada individuo, debe contarse, además de la sensibilidad y de la inteligencia, la actividad propiamente dicha por una parte, y por otra parte la voluntad. A la trilogía clásica nos parece más exacto sustituir esta tetralogía".

Pero no observa que la actividad es la resultante de toda la personalidad psíquica, la conducta, mientras que la voluntad es uno de los modos parciales de su funcionamiento, como lo son la inteligencia y el sentimiento. Su distinción equivaldría a diferenciar el sentimiento, que es un modo psíquico funcional, de la sensación, que es su proceso inicial.

Sin embargo, Malapert encuadra su clasificación dentro de estas mismas líneas generales. Llega a una clasificación en que figuran, en diversos grupos, los afectivos, los intelectuales, los activos y los voluntarios, complementándose con dos grupos de templados y apáticos.

Con otros criterios han intentado clasificar los caracteres Azam, Pérez y Paulhan. El primero de ellos, aunque reconoce que en la constitución del carácter entran como elementos constitutivos la voluntad, la sensibilidad y la inteligencia, incurre en una clasificación empírica, que no es del caso discutir, y que se funda sobre una primera tripartición en estas tres categorías: caracteres buenos, caracteres malos y caracteres indefinidos (buenos o malos, según las circunstancias); esta primera división se subdivide en no menos de cien caracteres secundarios (*"Le caractère dans la santé et dans la maladie"*).

Partiendo de la manera de actuar, es decir, de la actividad, de la conducta, Bernard Pérez ha dividido los caracteres en seis grandes tipos: vivaces, vivaces-ardientes, ardientes, lentos, lentos-ardientes, equilibrados (*" Le caractère de l'enfant á l'homme"*). En rigor ésta no es una clasificación psicológica y su análisis no nos corresponde en este sitio.

Para completar esta crítica de las clasificaciones de los caracteres, recordemos la propuesta por Paulhan. Fundándose en su teoría general del funcionamiento mental (" *L'activité mentale et les éléments de l'esprit*", *Introducción*) que hace presidir toda la vida psíquica por la *ley de asociación sistemática*, establece cuatro tipos mentales diferentes, divididos en dos clases: "1.º. Cualidades que se refieren a la manera de ser de las tendencias, al carácter general de sus relaciones en un mismo individuo: la coherencia, la lógica, el contraste, la vivacidad, la tenacidad, etc.; 2.º. Cualidades que están constituidas por las tendencias mismas: tendencias orgánicas como la glotonería, sensuales como la gula, intelectuales, etc. La primera clase comprende las formas de la actividad mental, la segunda los elementos concretos que dirigen esa actividad." Toda la cuestión, para Paulhan, sería ésta: a tal manera de asociación sistemática y de organización de las tendencias, tal carácter. Pero le han observado Fouillée y Malapert que el modo de organización de las tendencias es una resultante de su naturaleza misma, pues la tendencia produce la sistematización; las leyes de asociación son efectos, expresan el modo según el cual actúan y reaccionan las tendencias. Paulhan ha señalado claramente las diferencias entre su sistema y la clásica doctrina inglesa del asociacionismo; pues mientras ésta es una relación de mecanismo, la de Paulhan pretende ser una relación de finalidad; el asociacionismo inglés expresa la ligazón, conexión y atracción de las ideas, mientras que para Paulhan, la asociación de las ideas depende del objetivo común a que ellas concurren.

De todas maneras, si su clasificación de los caracteres no confirma la tripartita, tampoco se opone a ella, pues obedece a un criterio muy especial.

De este análisis inducimos que en la determinación del carácter influye el predominio de una función sobre las demás, la desproporción entre las funciones. Pero es necesario, sin embargo, fijar cómo debe entenderse ese predominio y cómo conviene determinar la función dominante en un carácter. Esa dominante no debe ser el resultado de una comparación entre diversos individuos, sino el resultado de una comparación entre las diversas funciones mentales del mismo individuo; además, esa comparación no debe ser propiamente cuantitativa. Fouillée, en su clasificación, hace cuestión de individuos que tienen *más* inteligencia; pero en este orden de fenómenos poco significan los términos "más" y "menos". Por eso Malapert aconseja fijarse en la calidad y no en la cantidad; con eso quiere decir que "en un individuo dado, la *cualidad* especial, la modalidad, la expresión característica de una de las funciones psíquicas (*sea* cual fuere su grado de desarrollo, su *cantidad*) implica tal o cual modalidad, forma o cualidad de las otras (sea cual fuere, también, su desarrollo). Se trata aquí de *influencia* (de cualquier manera que se la explique) más bien que de superioridad cuantitativa. Un individuo muy inteligente tendrá una inteligencia especial si su inteligencia está dirigida y dominada por su sensibilidad; el carácter será la sensibilidad: es un sensitivo. Un individuo muy inteligente tendrá una inteligencia particular si ella está dirigida por la necesidad de acción: es un activo". Es necesario, pues, tener en cuenta las modalidades individuales con que aparecen y se combinan las diversas formas de la vida mental en los individuos, y no determinar el carácter mediante relaciones abstractas o heterogéneas.

En suma: en la composición del carácter individual, considerado como el instrumento psicológico de la conducta, intervienen los diversos elementos de la actividad mental; el predominio de alguno sobre los demás, produce tipos que pueden clasificarse como sensitivos, intelectuales y volitivos.

III.—LOS "HOMBRES DE CARÁCTER" Y LOS "HOMBRES SIN CARÁCTER" EN LA LUCHA POR LA VIDA

Nos hemos detenido en el precedente análisis para decir con más firmeza que esas clasificaciones de los elementos del carácter no pueden servir como base para el estudio clínico de los caracteres humanos. En la realidad, los hechos revisten otro aspecto: una o varias cualidades especiales predominan sobre las demás, caracterizando la personalidad. Un intelectual, un sensitivo, un activo, son la materia prima del hombre de carácter; pero esa materia se elabora y modela según la cualidad predominante en la conducta; el activo podrá ser ambicioso, avaro, cobarde, temerario o simulador. Lo mismo ocurrirá con el intelectual y con el sensitivo.

Pero sea cual fuere el tipo psicológico de cada individuo, no es igualmente intensa la conducta de todos en la lucha por la vida; además de las diferencias cualitativas tenemos las diferencias intensivas. Conviene fijar con precisión este problema, esencial para el asunto que estudiamos.

La lucha, en la vida social, desenvuélvese en condiciones sociológicas que la diferencian de la lucha por la vida puramente biológica. Es natural, pues, que para entrar al estudio psicológico de los simuladores atribuyamos mayor importancia a las diferenciaciones subordinadas a la adaptación social de la conducta.

No basta el simple criterio de la fisiopatología o de la degeneración, que nos llevaría a escindir la humanidad en dos grandes grupos de normales y degenerados, por otra parte difíciles de precisar; ni satisface la división, que hace brillantemente Ferri, en hombres normales y anormales, subdividiendo estos últimos en evolutivos y regresivos (*Studi sulla Criminalità ed altri saggi*). En cambio, encontramos satisfactoria—y para nuestro objeto suficiente—la teoría, más sociológica que biológica, de Silvio Venturi (*Le mostruosità dello spirito*); para éste, los hombres, según su actuación en el grupo social en que viven, deben dividirse en "característicos" e "indiferentes". Este concepto concuerda, en general, con algunas ideas sostenidas por Ribot.

Veamos, brevemente, las ideas cardinales de esa teoría, que es una útil metodización preliminar para el estudio de los caracteres humanos. En seguida podremos comprender mejor la mentalidad de los simuladores.

Es de vieja y común observación que en la sociedad existen dos clases fundamentales de individuos. Consiguen los unos afirmar su propia personalidad en la lucha por la vida, haciéndola tangible para cuantos les rodean; los otros no salen del casillero de la vulgaridad. Vivir es expandir la propia personalidad, aumentando nuestras anastomosis con el ambiente e intensificando la acción que sobre él ejercemos; los que no consiguen hacerlo pertenecen al género que llamaríamos de los "hombres que no existen".

Estudiando los caracteres humanos, Ribot los excluye por considerarlos faltos de carácter, haciendo lo mismo con los "instables"; Venturi, recientemente, analizó ese mismo concepto en su interesante libro, esbozando además una clasificación teórica de los característicos, que señalaremos oportunamente, pues se armoniza con los criterios que serán nuestro punto de partida para estudiar la psicología de los simuladores.

Los "hombres sin carácter" son la masa anodina, el número abstracto, los individuos para quienes, como diría Dante, es noche mucho antes de la oración. Ribot los llama "amorfos" y Nordau los señala antes de estudiar la *Psicología del genio y del talento*, coincidiendo con Venturi en asignar a los "filisteos" un rol de lastre en la vida social. Ribery (*Essai de classification naturelle des caractères*), criticando a Ribot, encuentra demasiado impreciso el tipo del amorfo. Mantegazza (*I caratteri Umani*) diríalos "sin carácter", poniendo en el fondo de su psicología una gran debilidad moral que los hace ceder a la más leve presión y sufrir todas las influencias. En la clasificación de Pérez figurarían entre los "lentos"; como "apáticos" en la de Malapert y junto a los "templados" en la de Paulhan.

"Hombres de carácter" son los que poseen fisonomía propia, presentando cualidades diversificadas, tendencias originales, capacidad fecunda para iniciativas distintas de las habituales. Son los actores en el drama humano, en la evolución social. Entre ellos se reclutan los que Taine—antes que Tarde, Sighele y Le Bon—llamó "meneurs" (*Les origines, etc.*, parte III), y, recientemente, D'Annunzio "evocadores", "animadores". Ellos son los *activos*, en una palabra, pero no en el sentido estrecho que da Ribot a esa designación (persona que tiene por rasgo dominante la tendencia natural, siempre renaciente, a la acción), sino en el sentido amplio que le atribuye P. Rossi: persona que posee una o todas las aptitudes psíquicas apropiadas para vencer la presión de la multitud (*I suggestionatori e la folla*).

El concepto de "hombre de carácter" expresa la intensificación de una modalidad que puede ser común.

En último análisis no existe un solo individuo, por muy amorfo que sea, que no tenga algunos caracteres propios y personales, que no ejerza su acción—tan infinitesimal como se quiera—sobre el medio en que vive; todos, desde el más grande hasta el más pequeño, nacen o se moldean con más o menos rasgos personales, contribuyendo, necesariamente, según su poca o mucha capacidad, a la vida del agregado social. Lo "indiferente" y lo "característico", sólo aparecen claros cuando se juzga al individuo por su función. Enfocando de esta manera la psicología de los hombres—como hiciera Voltaire en "Micromegas", —vemos que la inmensa mayoría desaparece, confundida en una amalgama de uniforme pasividad: multitud de unidades que, aisladamente, no tienen importancia alguna.

Bien observa Ribot que la dinámica social es el producto de la acción de tendencias contrarias; cada tendencia tiene su antagonista que la equilibra y enfrena, en sentido saludable para el conjunto. Edward Carpenter, en su ingeniosa "Defensa de los criminales", intentó poner de relieve la utilidad que reportan a la sociedad ciertas formas de delincuencia, ideas que ha enunciado, en parte, el mismo Lombroso, en una breve monografía llena de ideas susceptibles de fecundo desarrollo (*La funzione sociale del delitto*).

Los exagerados son necesarios para el desarrollo social de una función o modalidad del espíritu. El doctor Stockmann, que nos pinta Ibsen en "Un enemigo del Pueblo", es el tipo característico del individualismo; pero esta cualidad sería socialmente nociva si implicara considerar, como él hace, que la asociación en la lucha por la vida es perjudicial y que el hombre más fuerte es el que está más solo. El Juan Moreira de la tradición gauchesca, que encarna en los folletines de Gutiérrez tantas reminiscencias atávicas desvanecidas hoy al calor de la civilización, es el característico del valor personal; pero a nadie escaparán los peligros sociales que tendría la existencia del valor si todo valiente exaltara su cualidad hasta límites semejantes. Sin embargo, esos tipos son términos de comparación necesarios para que miles de conciencias amorfas cultiven su individualidad y procuren no ser cobardes.

Los característicos se forman por la misma acción de la vida social, respondiendo a la necesidad de la división del trabajo. Esta necesidad, tanto mayor cuanto más complejo es el organismo colectivo, guarda relación directa con el grado de evolución de las sociedades humanas, como lo demuestra Durkheim al estudiar la *"División del trabajo social"*.

En la formación de los "hombres de carácter" intervienen factores externos e internos, sociales y biológicos. Cada uno de ellos puede ser engendrado por las condiciones de lucha del medio social. En realidad, todos los hombres, en la lucha por la vida, son gladiadores que pelean o actores que recitan: ninguno prescinde de su público cuando actúa; quien prescindiera en absoluto del medio sería un "característico" de la despreocupación.

También puede influir la herencia de elementos característicos, repetidos y consolidados a través de las generaciones precedentes. Otras veces la anomalía mental parece intervenir tanto como el medio social. Pero no la anomalía mental considerada con el criterio estrecho de la clínica, que se limita a amoldar a su docena de marcos cómodos—que llama "formas clínicas",—los fenómenos más llamativos de la patología mental; la anomalía debe ser entendida en un sentido vasto—tal como Ferri la esboza en su estudio sobre los anormales,—abarcando todas las divergencias de la psiquis media: desde esas escabrosidades que estudió Cullere en "Les frontières de la Folie", hasta las formas trágicas del derrumbe mental.

Partiendo de esas premisas, indispensables para el mejor desarrollo de este capítulo, analizaremos las dos cuestiones que directamente atañen a nuestro asunto:

1.º. Proporciones en que la simulación se manifiesta en el carácter de todos los individuos.

2.º. Predominio especial de la simulación en el carácter de ciertos individuos: los simuladores característicos.

IV.—LA SIMULACIÓN COMO ELEMENTO DEL CARÁCTER

Los medios que usan todos los hombres para luchar por la vida son semejantes, variando su intensidad y la proporción de sus diversos elementos. El hombre sin carácter se deja arrastrar por las manifestaciones comunes de la actividad humana, sin tener un gesto o una modalidad personal; el hombre de carácter, en cambio, desarrolla aptitudes bien diferenciadas, procurando afirmar su personalidad en la lucha, sin preocuparse de lo que su actividad representa para las rutinas convencionales en su medio social.

Por eso, tener o no "carácter", es un coeficiente de afirmación del individuo contra la colectividad que tiende a amalgamarlo en la masa. En realidad, los hombres de carácter intenso y diferenciado son los que más luchan por la vida; los demás lo hacen dentro de condiciones tan uniformes, y con tan escasa energía, que su actividad resulta imperceptible en el movimiento social; los indiferentes no luchan, porque en rigor no viven.

Si, como venimos demostrando, la simulación sirve para adaptarse mejor a las condiciones del medio, fingiendo cualidades cuya utilidad para la lucha está probada y disimulando otras que son reconocidamente perniciosas, debe confirmarse esta verdad en los hombres sin carácter y en los hombres de carácter. En los primeros encontramos las *formas sociales de la simulación*, es decir, las que son comunes a todos los individuos que luchan por la vida dentro de un mismo ambiente social; en los segundos percibimos las *variaciones individuales de la simulación*, formas personales y bien diferenciadas, que decididamente caracterizan al individuo.

En la masa de los hombres amorfos, la simulación suele ser un simple reflejo de las simulaciones más difundidas, anastomosándose por una parte con las mentiras convencionales, y por otra con la imitación en todas sus formas, para cuyo estudio podrán consultarse las conocidas obras de Nordau y Tarde. Obsérvese este hecho fundamental: *la simulación es una mentira en acción*, al mismo tiempo que *sólo es una imitación aparente*, según hemos explicado en el capítulo primero; fácil será, pues, inducir la difusión combinada de estas tres formas fraudulentas para la adaptación de la conducta al medio en que se actúa.

El "espíritu gregario", propio de todas las asociaciones de individuos, impone a los hombres sin carácter cierta manera de ser, de pensar, de sentir y de actuar, conforme a las condiciones comunes a todo el agregado; el individuo, para no sucumbir en la lucha por la vida, procura aproximarse lo más posible a esa común manera de ser, adaptándose por todos los medios*.

Por esos motivos, la simulación forma parte de

---

* Carlos Alfredo Becú en su estudio sobre "La moral de la Lucha por la Vida", observa que imitar y simular son condiciones de éxito en la lucha por la mejor adaptación a la vida social.

"Si fuera necesario desarrollar aún más esos principios de ética social, llegaríamos a preconizar, no sólo la necesidad de evitar las divergencias, sino la obligación moral positiva de identificarnos, en absoluto, con el medio social. En otras palabras, abdicar de nuestra personalidad, pues su acción podría obstaculizar nuestro triunfo en la lucha. Es lo que se llama *habilidad* en la vida, englobando en esta palabra un grupo de procedimientos encaminados a templarnos al unísono de nuestros conciudadanos. Es, en resumen, erigir en principio de moral social la supresión de nuestras individualidades, ahogadas en la necesidad de imitar a los demás o simular sus caracteres. Es este un principio darwiniano, cuya excelencia, considerándolo como la mejor templada de las armas para la lucha por la vida, puede ser demostrada también con argumentos darwinianos. Es, en efecto, la reproducción dentro de las sociedades humanas, de una curiosa forma de adaptación al medio estudiada en ciertos insectos por Alfred Russell Wallace, el co-creador de la doctrina de Darwin, naufragado luego en un pantano espiritualista. Llamóle *mimicry*, que se traduce *mimetismo*, y consiste en una adaptación tan perfecta del animal al medio, que no sólo ha conseguido organizar su fisiología para la vida en cierto ambiente, sino que ha copiado con pasmosa fidelidad, su forma, tamaño, coloración, etc. De esta manera, el insecto, que vive entre hojas verdes o ramitas secas, consigue parecerse tanto a una hoja o a una ramita, que pasa desapercibido entre ellas, y se libra así de sus enemigos; es, como vemos, un excelente medio de luchar por la vida. Un ejemplo criollo de mimetismo es el *mamboretá*, lindo bichito vinculado a ciertas agradables reminiscencias infantiles. Es una verdadera hoja de gramilla tierna, y se necesita toda la perspicacia de un muchacho travieso para descubrirlo, cuando, estirando sus patas largas y delgadísimas, se desliza entre las matas de pasto."

Un hombre-mamboretá es el ejemplar más perfecto de la especie, en cuanto a sus aptitudes para la lucha por la vida; a esta conclusión nos lleva una ordenada lógica, partiendo de la doctrina darwiniana. Es, como vemos, un concepto radicalmente distinto del usual en los malos comentadores del pensador inglés, y espe-

todos los caracteres humanos, entra como elemento psicológico en la constitución de cualquier personalidad, normal o anormal. Estudiando las innumerables formas colectivas e individuales de la simulación entre los hombres, hemos podido comprobar que ningún individuo está eximido de simular en la lucha por la vida; y para la muchedumbre de los sin carácter "saber vivir" equivale a "saber simular". Los hombres, en general, adáptanse tanto mejor a su ambiente cuanto más desarrollada tienen la aptitud para simular.

Todo individuo de la especie humana es, en cierto modo y cantidad, simulador; en determinadas cir-

---

cialmente, de quienes han intentado edificar sociologías rengas sobre sus principios biológicos.

Sería acaso inútil confirmar con ejemplos la teoría anterior. Basta recordar que la imitación es, según Tarde, la más enérgica de las fuerzas sociales; y esta simple mención del sociólogo francés, me evita la ingrata labor de diluir pensamientos ajenos para confirmar lo propio. Y si de la imitación pasamos al verdadero mimetismo, considerado como medio de lucha por la existencia, los ejemplos no serán menos frecuentes. Son repeticiones de ideas o doctrinas, declaraciones, frases e interjecciones, o bien, en una situación más evidente, copias de insignias, prendas de indumentaria. Recuérdese la importancia de sacar cruces y otros emblemas durante ciertas persecuciones religiosas, o chalecos colorados bajo el gobierno de don Juan Manuel de Rozas. Estos últimos casos de mimetismo, en nada se diferencian del estudiado por Wallace.

"Pero sin recurrir a ejemplos que pueden considerarse excepcionales, bastará un examen imparcial y sensato, aunque somero, para convencernos de que la organización social contemporánea impone ese mimetismo como norma de moral colectiva, y como condición para vivir en sociedad. Recuérdese lo dicho anteriormente sobre la habilidad en la vida.

"La imitación y la simulación representan, pues, en la sociedad, la forma usual de la adaptación; y a este último concepto se reduce, como hemos visto, la idea darwiniana de la lucha por la vida". (*Archivos de Psiquiatría y Criminología*, Buenos Aires, Septiembre, 1903.)—(Nota de la 3.ª edición).

cunstancias necesita serlo forzosamente. En los amorfos la simulación no llega a ser intensa ni compleja, por la sencilla razón de que nada lo es en ellos; cuando la afirmación de la personalidad no lo exige, los medios de lucha no se desenvuelven o lo hacen escasamente. Con una simulación débil coexisten otras condiciones adaptativas, débiles también, que no imprimen carácter determinado al individuo; el hombre larvadamente simulador puede ser, a la vez, larvadamente modesto, hipócrita, generoso, embustero, ambicioso, delincuente o servil. Esos elementos se combinan sin formar un carácter, lo mismo que la sobreposición o combinación de todos los colores determina su negación, según se demuestra en el conocido aparato de física. Un hombre equilibrado, sin nada suficiente para afirmar su individualidad, no tiene carácter; la simulación será en su mente uno de los tantos resortes necesarios para adaptar la conducta a la vida social.

Cuando la lucha es más intensa, todos los medios se intensifican: la simulación entre otros. En este sentido general, los característicos simulan más que los indiferentes, puesto que luchan por la vida con más energía y tienen más ocasiones útiles para simular.

Lo mismo que los demás rasgos psicológicos especiales, la simulación puede ser predominante o secundaria en la personalidad del hombre de carácter.

En el primer caso tendremos un tipo psicológico caracterizado por la simulación; en el segundo un tipo mixto, sobre cuya conducta la simulación ejerce influencia subalterna.

La aptitud o la tendencia a simular llega a su acmé en determinados individuos, en quienes la simulación alcanza la misma intensidad que el individualismo en el Stockmann ibseniano, y el valor en el Moreira criollo. Esos constituyen el tipo psicológico especial, cuyas diversas manifestaciones analizaremos: el "simulador característico".

Cada uno de estos caracteres especiales desempeña en el conjunto social una función útil, equilibrando la acción de su antagonista. El simulador tiene su antítesis en el ingenuo,—pariente del "Cándido", de Voltaire—que representa el otro extremo de la inadaptación a las condiciones de la lucha por la vida; Bianchi ha definido ese tipo como característico del *sincerismo*, y Mantegazza lo estudia bajo la clasificación de "ingenuo". Ambos pueden perjudicarse por su propia exageración, pero del contraste entre las dos funciones nace el justo medio útil, enseñando al amorfo a no simular menos de lo que necesita y a no ser más sincero de lo que conviene.

V.—PREDOMINIO DE LA SIMULACIÓN EN LA PERSONALIDAD

El hombre lucha por la vida adaptando su conducta a las condiciones del ambiente en que se desenvuelve; la actividad mental le permite discernir las ventajas o desventajas que un hecho o una cualidad personal implican para el desenvolvimiento de la personalidad. La conciencia de esas ventajas o desventajas hace que el individuo adapte su carácter a las condiciones de lucha, simulando las cualidades que la observación y la experiencia demuestran ventajosas, y disimulando las perjudiciales.

Puesto que todos los hombres simulan y disimulan, ¿en cuáles estudiaremos el carácter propio de los simuladores, sus diversas manifestaciones, los factores determinantes de su peculiar modalidad mental y la importancia extraordinaria que para algunos reviste en la lucha por la vida?

Conviene distinguir el sujeto simulador, que lo es de manera habitual y permanente, del sujeto que se ve precisado a simular accidentalmente, sin que ello constituya una característica de su funcionamiento mental. El primero posee el carácter simulador, psicológicamente considerado; al segundo no puede llamársele simulador, aunque el azar le arrastre a usar con provecho algunas simulaciones. De igual manera llámase mentiroso al que miente por tendencia o por hábito, sin considerar tal a quien miente alguna vez por circunstancias especiales; y decimos tímido a quien lo es en todas ocasiones, sin llamar así a cuantos pueden sufrir un acceso de timidez circunstancial. Buscaremos, pues, los caracteres psicológicos propios del simulador *en los sujetos que, por tendencia o por hábito, se valen preferentemente de la simulación como medio astuto de adaptarse a las condiciones de la lucha por la vida.*

Como sabemos, en sus manifestaciones voluntarias y conscientes, y en muchas subconscientes e involuntarias, su resultado es proporcionar al simulador una ventaja*. La forma normal de la simulación es

---

* "La organización del carácter, su desarrollo y su fijación, producen ciertas formas psicológicas completamente análogas a los fenómenos del mimetismo estudiados por los naturalistas. El carácter asume, en ellas, apariencias engañadoras que disimulan su verdadera naturaleza, y la confusión así determinada tórnase, en principio, en beneficio del individuo o de la sociedad, no de ambos. El hombre suele tener interés en disimular su carácter. Simula entonces voluntaria y conscientemente, o por el contrario, instintivamente, cualidades o defectos que en realidad no posee o posee débilmente.

"Algunas de estas simulaciones se observan corrientemente. Las más voluntarias, y por eso mismo accidentales, no constituyen

simplemente utilitaria, lo mismo que la forma normal de la disimulación: el simulador saca provecho de las aptitudes que pone en acción.

El estudio sintético de este carácter fué generalmente descuidado. Teofrasto, en sus "Caracteres", traducidos y vivificados por La Bruyère en su interesante traslado al medio político y social de su época, esbozó algunas notas sobre la simulación en el carácter. Pero los "caracteres éticos", no obstante admirar por la clarividencia de la observación y por su estilo digno y elegante, no constituyen un documento psicológico, tal como puede exigirlo el criterio moderno en esta índole de observaciones.

El arte, rico de ejemplos para el estudio de cualquier tipo psicológico, ha sacado partido del simulador, en sus diversas modalidades. Sin detenernos en un análisis que para ser completo llenaría por sí solo una monografía, recordaremos que uno de los tipos más interesantes de Dickens, el Pechniff de su "Martín Chuzzlewit", podría exhibirse como modelo en su gé-

---

un sistema constante. Sábese, de ha tiempo, que a los perezosos gusta asumir actitudes provocativas, para ocultar su escasa bravura y evitar que los demás procuren comprobarla. Esto es ya semi-voluntario y semi-instintivo, pudiendo manifestarse continuamente o producirse por casualidad...".

"La simulación preséntase bajo dos formas principales, simétricamente opuestas. En la primera, mediante una fuerte inhibición, compénsase una tendencia exuberante que podría ser peligrosa, dejando ver solamente los rasgos opuestos a la tendencia que se desea ocultar. En la segunda, en cambio, simúlase activamente una tendencia que en realidad no existe. Hay, principalmente, disimulación en la primera forma, y simulación en la segunda; en esto no hay nada absoluto. La disimulación simula la cualidad opuesta a la que se oculta y la simulación disimula la cualidad opuesta a aquélla cuyos síntomas se ponen en evidencia". F. Paulhan, "La simulation dans le caractère", en *Revue Philosophique*, Diciembre 1902 y Mayo 1903. (Nota de la 3.ª ed.).

nero, ya por la fantasía que le atribuyó su autor, como por la animación y realidad de su silueta psicológica. Desde otro punto de vista, la simulación juega en el arte un rol esencial, como producto imaginativo; en muchas obras maestras del arte, todos los tipos son el simple fruto de una fantasía exuberante servida por una perfecta posesión del idioma.

Entre los escritores científicos modernos, Pérez, Fouillée, Azam, Paulhan, Levy, Ribot, Malapert, Ribery, Mantegazza, y otros que estudiaron el carácter en general y sus tipos especiales, no aislan el tipo general del fraudulento, o del astuto, ni especifican el tipo del simulador. Sergi, estudiando las degeneraciones humanas, enuncia diversos tipos, sin aludir al que estudiamos. Venturi, al esbozar sus característicos *menores*, no menciona siquiera al simulador. Se explica: el hipócrita, el mentiroso, el astuto, el simulador, se entremezclan íntimamente y es difícil hacer distinciones que, por sutiles, podrían parecer artificiosas. Pero ser hipócrita, mentiroso, astuto o simulador no es lo mismo. Esos diversos tipos psicológicos componen un grupo más general, el de los *fraudulentos*, donde todos caben y se entrelazan, influyéndose recíprocamente, como hermanos de una misma familia, como ramas de un mismo tronco.

Simular, hemos dicho, es adoptar los caracteres exteriores y visibles de lo que se simula, a fin de confundirse con lo simulado. La mentira, la hipocresía, la astucia, pueden asumir formas que impliquen la simulación, pero no son siempre y necesariamente simulaciones.

Sin embargo, no siendo la mente humana un aparato simple, de efecto único, sino un complejo de acciones y reacciones, rara vez podrá aparecer un individuo—por muy "característico" que sea—cuya personalidad tenga una sola manifestación.

Ribot considera la "unidad" del carácter como una de sus cualidades indispensables, junto con la inneidad y la estabilidad; por ese motivo, además de los amorfos, se ve obligado a excluir de los caracteres a los instables, negando también la categoría de característicos a los intelectuales, los voluntarios y los templados. Esa exageración del valor de la "unidad" en el carácter humano es compartida por otros psicólogos; a todos pudieran responder las siguientes palabras de Tolstoy, en cuya "Resurrección" no escasean las observaciones psicológicas perspicaces. "Uno de los prejuicios más arraigados y difundidos consiste en creer que todo hombre posee exclusivamente ciertas cualidades definidas, que es bueno o malo, inteligente o bruto, enérgico o apático, y así sucesivamente. Podemos decir de un hombre que es más a menudo enérgico que apático, e inversamente; pero decir de un hombre, como suele hacerse, que es bueno o inteligente, y de otro que es malo o bruto, es desconocer el verdadero carácter de la naturaleza humana. Los hombres son como un río; aunque formado siempre por agua, ora es ancho y ora estrecho, lento o rápido, tibio o helado. Los hombres, también, llevan en sí el germen de todas las cualidades humanas, y ora manifiestan una, ora otra, mostrándose a menudo diferentes de sí mismos, es decir, distintos de lo que suelen aparentar. Pero en ciertos hombres esos cambios son más raros y se preparan con lentitud, mientras que en otros son más rápidos y se suceden con mayor frecuencia". En los simuladores, lo mismo que en los demás característicos, encuéntrase una cualidad predominante, no excluyente; entre los elementos del carácter algunos se coordinan y otros se subordinan, combinándose para determinar la resultante: por eso veremos el tipo del simulador generalmente asociado con otros que le imprimen fisonomía particular.

En general, pues, junto con la aptitud característica coexisten las afines, u otras de índole diversa, que pueden no ser afines. Es frecuentísimo, como observa Venturi, encontrar el tipo mixto del envidioso-calumniador, del ambicioso-genial: cualidades afines; también es posible ver pródigos-mentirosos, ladrones-altruístas, ambiciosos-serviles: caracteres que no se excluyen, aun siendo el uno útil y el otro perjudicial para la sociedad. Aunque les niega título de caracteres, Ribot confirma su existencia; los tipos mixtos corresponden o se aproximan a los que él llama "caracteres contradictorios sucesivos", "caracteres contradictorios simultáneos" y "caracteres instables y polimorfos".

Falsearía, en suma, nuestro pensamiento, quien entendiera que la función característica es *única* y *excluyente*; ella sólo implica la intensificación, hasta ser *predominante* sobre las demás que con ella coexisten. Con ese criterio estudiamos la psicología de los simuladores.

Preguntad a cualquier médico quién fué Charcot; os contestará, sin duda: un neurólogo. ¿Y acaso no habría podido ser, también, afectuoso como padre, celoso como marido, curioso como observador, pródigo o avaro, astuto o inocente, espontáneo o simulador, en las mil manifestaciones de su vida? Pero él no ha existido, ni ha sido "característico", sino como renovador de la patología nerviosa.

Del sacerdote Castro Rodríguez o del anarquista Ravachol, cualquiera os dirá que fueron homicidas; nadie recordará que el primero era hipócrita, avaro, mentiroso, ni que el segundo era ladrón, pródigo, sectario. Fuera de su característica como homicidas, ellos no han existido.

Al analizar, pues, los diversos tipos de simuladores, los encontraremos complejos, combinados con otros caracteres afines o predisponentes. Hay, en efecto caracteres psicológicos que guardan estrecho parentesco: el mentiroso suele ser fantástico o vanidoso, el modesto suele ser apático o ingenuo. De igual manera veremos que, siendo astuto o servil, fisgón o no conformista, psicópata o sugestionable, se está predispuesto a pertenecer al grupo de los simuladores característicos, dando fisonomía propia a diversos tipos especiales.

VI.—CLASIFICACIÓN DE LOS SIMULADORES

"Es necesario resignarse a no conocerlo ni explicarlo todo, limitándose a determinar lo que es posible conocer; es la única manera de saber algo. Un análisis, una clasificación *psicológica*, he ahí lo que, por ahora, consideramos posible. Sepamos contentarnos con eso, tanto más que ello tiene su interés, su valor y su alcance. Lo mismo pensaron y han intentado realizar los autores que más recientemente ocupáronse de la cuestión del carácter. En el punto de vista psicológico se han colocado todos, inclusive el mismo Fouillée". Estas palabras de Malapert justifican la imposibilidad de ofrecer una clasificación exacta de los simuladores característicos, según las causas determinantes de su peculiar modalidad psicológica.

Los factores que se combinan para la determinación del carácter son complejos; Levy ha particularizado sus investigaciones en la dilucidación de este tópico. En general, encuéntranse dos tendencias; la una atribuye mayor importancia a los factores congénitos, la otra a los adquiridos; a la primera refiérense los autores que van desde Schopenhauer hasta Sully y Ribot, mientras se plegan a la segunda desde Rousseau y Mill hasta Payot y Sergi. A este último pertenece la teoría de la "estratificación del carácter", que es, sin duda alguna, la mejor y más sostenible de las expuestas por los partidarios de la influencia del medio en la formación del carácter.

Indudablemente ambos factores tienen importancia: la herencia da el impulso, la educación lo modifica. Existen caracteres de raza, de nación y de sexo que nacen con el individuo e influyen sobre su carácter, sin olvidar, también, la herencia psicológica de los ascendientes inmediatos. El temperamento individual, expresión de condiciones orgánicas determinadas, influye en la constitución del carácter, como sostienen Fouillée y Manouvrier. Pero es innegable que sobre ese fondo de predisposición congénita actúan nuevos factores mesológicos, modificando la orientación del carácter e imprimiéndole tendencias nuevas; negarlo equivaldría a desconocer toda influencia a la educación y, en general, a la sugestión, que tiene tanta parte en la psicología de todo miembro de un agregado social.

Existen, en suma, *dos grupos fundamentales* de factores determinantes en la psicología de los simuladores: los congénitos y los adquiridos. Según predominen los unos o los otros, tendremos los *simuladores natos* y los *simuladores producidos por el medio*.

Los simuladores por predominio de tendencias congénitas se explican. En general, encontramos en todo característico un hombre de carácter o un anormal. Esto mismo se advierte en el simulador, combinado, en una proporción que varía de lo mínimo a lo máximo, con factores propios del ambiente. En favor de la existencia de este grupo abogan dos argumentos definitivamente aceptados en ciencia. La doctrina de la evolución ha establecido que los caracteres adquiridos por los individuos de cualquier especie animal, pueden transmitirse a sus descendientes si son ventajosos en la lucha. Y si, como venimos demostrando, la simulación es un medio útil en la lucha, es lógico admitir el carácter hereditario de la aptitud para la simulación. Los caracteres psicológicos se heredan lo mismo que los morfológicos: verdad indiscutida ya en psicología y cimentada por los excelentes estudios de Ribot y otros.

El segundo grupo está determinado por la adaptación del individuo a las influencias directas del medio en que vive. El ambiente, sin duda, acentúa o determina aptitudes especiales en ciertos sujetos, influencia facilitada por la predisposición mental de muchos de ellos, cuya deficiente síntesis psicológica los predispone a exagerar una de las facetas de su prisma en detrimento de las demás. Esa adaptación al ambiente, determinada por las condiciones de éste, puede, como hemos visto, transmitirse después por herencia.

Los individuos de los pueblos primitivos, cuya civilización es de tipo violento, tienden menos a la simulación que los de pueblos cuya civilización es de tipo fraudulento. En los primeros predominarán los hombres como Alejandro o Nerón; en los segundos, Maquiavelo o Bismarck.

Pero después de distinguir esas dos grandes ramas, complícase toda tentativa de clasificación; en general, las que se refieren a fenómenos psicológicos o sociales no pueden tener la precisión realizable en ciencias menos inexactas. Nos limitaremos, pues, a esbozar los tipos especiales de simuladores que es posible distinguir y aislar, gracias a su combinación con otros caracteres complementarios, reconociendo que estos grupos podrán ser completados o corregidos cuando observaciones mejores que las nuestras lo demuestren conveniente.

Concretando, puede afirmarse que los simuladores característicos llegan a serlo bajo la influencia de tres órdenes de causas que provocan, acentúan o extreman el pequeño coeficiente de simulación que todos tenemos en nuestro carácter.

En primer lugar vemos algunos sujetos en quienes la simulación se intensifica por efecto del medio social mismo, obedeciendo al principio general que la determina: la utilidad en la lucha por la vida; son los simuladores del tipo *mesológico*, cuyo carácter es esencialmente utilitario. En otro grupo encontramos a los que simulan por tendencia natural, fruto de misteriosa predisposición hereditaria; los llamaremos simuladores *congénitos*. Por fin, en otros casos, encontramos simuladores característicos cuyo carácter se organiza sobre un terreno mórbido, constituyendo el grupo de los simuladores *patológicos*.

Entre los primeros pueden distinguirse dos variedades principales: el astuto y el servil; entre los segundos, el fisgón y el refractario; entre los últimos, el psicópata y el sugestionado.

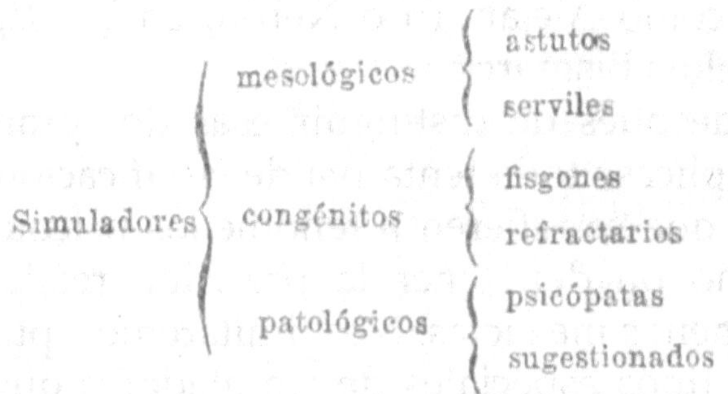

Veamos las modalidades psicológicas de cada uno de estos complejos caracteres, nacidos sobre el tronco común de los fraudulentos; los pondremos en mayor relieve recordando casos típicos ilustrativos. Se sobreentiende que los tipos esbozados serán característicos, es decir, sujetos cuya tendencia a la simulación es acentuada. Además, los caracteres humanos suelen ser *complejos*; veremos cuáles combinaciones favorecen más la simulación.

Digamos dos palabras sobre los artistas dramáticos en sus relaciones con el tema que estudiamos. Podría considerárseles como *simuladores profesionales*, y, por ende, conferirles un sitio en el estudio de la psicología de los simuladores. Pero en realidad, no hay simulación en este caso; por un acuerdo previo entre el artista y su público, está suprimido el objetivo de provocar una confusión entre el simulador y el personaje cuyos caracteres el artista finge. Esta simulación es convencional y sólo tiene finalidades estéticas, ajenas a todo engaño utilitario. Esta forma profesional es educable; la carrera artística es un perfeccionamiento educativo de la aptitud para simular. No olvidemos, sin embargo, que en los artistas dramáticos es frecuente la autosugestión del personaje; pero ésta es una deficiencia en arte verdadero, pues el ideal del intérprete es conservar la autocrítica de su rol, midiendo su palabra, su gesto y su emotividad. La autosugestión facilita el desempeño de un papel y transmite más intensamente al público la emoción del personaje interpretado; pero también expone a yerros graves, por la pérdida del contralor propio en el momento en que más se lo necesita.

Excluidos, pues, estos simuladores profesionales, entremos al análisis de los grupos señalados.

VII.—LOS SIMULADORES POR ADAPTACIÓN AL MEDIO

Llamamos simuladores *mesológicos* a aquéllos cuya aptitud para simular en la lucha por la vida es determinada o acentuada por las influencias del medio sobre el individuo.

Son los más numerosos y su simulación es siempre utilitaria. En la imposibilidad de vivir inadaptados a su medio social, prerrogativa reservada a pocos caracteres superiores, consiguen vencer las resistencias que se oponen a la afirmación de su personalidad simulando las cualidades útiles y disimulando las perniciosas.

Los simuladores de este grupo son exponentes del ambiente social. Para no ser vencidos en la lucha por la vida, los individuos pueden simular y disimular los sentimientos* de amor y de odio, de respeto y de repugnancia, de cortesía y de indignación; suelen reducirse a una hábil simulación y disimulación de los sentimientos.

Entre estos simuladores utilitarios, que se enmascaran para adaptarse más provechosamente al medio en que viven, señalaremos dos grupos bien caracterizados: los *astutos* y los *serviles*.

------

* Merecen especial mención dos artículos de Paulhan, aparecidos en la "Revue Philosophique". En el primero estudia la disimulación de los sentimientos afectivos (*el falso impasible*), en el segundo la simulación de los mismos (*el falso sensible*); en ambos casos el simulador procede movido por un propósito netamente utilitario, procurando adaptarse al sentimiento social del medio en que vive. Ambos estudios son de una concepción y una claridad casi perfectas.—(Nota de la 3.ª edición).

1.º. El *simulador astuto* sabe adaptarse hábilmente; es la encarnación del "vividor", en la acepción más corriente del vocablo.

Todos los hombres dotados de alguna astucia suelen simular; pudiendo ser alguna vez el fraude condición de éxito en la lucha por la vida, fuera ineptitud desdeñarlo sistemáticamente. En su canto XI del Infierno, donde contempla a los violentos, los fraudulentos y los traidores, escalonados en tres círculos, Dante puede exclamar sin exageración:

La frode and'ogni coscienza é morsa,

porque todos, poco o mucho, tienen sobre la conciencia algún pecadillo fraudulento.

Pero sólo en pocos individuos la simulación astuta asume proporciones predominantes, constituyendo el tono principal del carácter. La personalidad de estos sujetos se afirma en terreno moralmente resbaladizo. Dado el propósito utilitario de la simulación, llegan a las zonas linderas de la delincuencia, engendrando un tipo mixto de "simulador-delincuente".

Analizando la psicología del astuto, Ferriani dice que sólo puede concebirse una astucia honesta: la usada para defenderse de las simulaciones ajenas o para impedir que los astutos deshonestos realicen actos perjudiciales a los demás. Es la astucia defensiva contra la astucia ofensiva.

En estos simuladores la mímica siempre está preparada para la simulación; la fisonomía no denuncia el estado interior del sujeto. Si se pretendiera conocer sus estados de alma por la observación de su fisonomía, resultarían pueriles aquellas sentencias de Schopenhauer: "todo rostro humano es un jeroglífico que puede ser descifrado y cuyo alfabeto llevamos en nosotros mismos. La fisonomía dice más sobre un hombre que sus palabras: es el compendio de todo lo que seguirá en los pensamientos o en las acciones del hombre. La palabra no reproduce más que el pensamiento del hombre; el rostro reproduce el pensamiento de la naturaleza". (*De la fisonomía*).

Y fracasarían todos los que han estudiado las reacciones de la fisonomía y la mímica, desde Darwin y Spencer hasta Meynert, Wundt, Mantegazza y Cuyer. El simulador logra su objeto porque los demás hombres lo juzgan conforme a un prejuicio que el mismo Schopenhauer recoge: "cada uno parte tácitamente del prejuicio que un hombre *es* lo que *parece*"; pero, en verdad, el barbero Fígaro tiene con frecuencia razón contra el filósofo.

La característica del simulador astuto es precisamente educar sus reacciones emotivas de tal manera que jamás se traduzcan en signos fisionómicos exteriores: evita *parecer* lo que *es*. La cara no es el espejo de su alma; el estudio y el hábito obtienen resultados prodigiosos. Cuando alguien le narra una desgracia para pedirle consejo, el simulador astuto, husmeando para más tarde un beneficio, se conmueve, palidece, llora, hace llorar al narrador mismo: éste se admira de que aún exista sobre la tierra un hombre de tan virtuoso corazón, y cae fácilmente en las redes que luego aquél le tiende. Es el príncipe de la simulación; dispone a su antojo de los resortes fisiológicos para simular un estado de alma, haciendo creer a su interlocutor lo que está simulando. Aquí aparece otro característico mixto: el "simulador-mentiroso".

El mentiroso puro es un tipo diverso del simulador. La mentira es una afirmación que contrasta con la verdad; la simulación es un hecho. Un niño que afirme tener cien años, miente simplemente, sin simular. Un niño que se disfrace de viejo, simula, no miente. La psicología del mentiroso ha sido ya muy bien estudiada en monografías de Venturi, Melinand y Duprat.

En las formas astutas de lucha por la vida, la mujer suele sobrepujar al hombre; algunas llegan a ser simuladoras profesionales en la lucha sexual. Sin remontarnos a Schopenhauer, podemos comprobarlo en los estudios de Viazzi sobre la lucha entre los sexos; y es notorio que en el más expresivo de los poemas gauchescos, el hijo de Martín Fierro parece haberlo aprendido del "Viejo Vizcacha": "Y menudeando los tragos —aquel viejo como cerro,—no olvidés, me decía, Fierro,—que el hombre nunca ha de creer—en lágrimas de mujer—ni en la renquera del perro."

Como en la lucha por la vida carece la mujer de medios violentos eficaces, ha debido refinarse en los fraudulentos, alcanzando superioridades que equilibran las del hombre.

En general, el astuto—observa Ferriani—rehuye de la lucha abierta y declarada, recurre a medios anómalos y marcha por senderos tortuosos; carece de coraje para luchar a cara descubierta. Esa opinión implica un juicio infundado; cuando el simulador se limita a aprovechar ciertos medios de lucha no sospechados por los que le rodean, abusa de su superioridad de la mismísima manera que el general, mediante una estrategia, consigue derrotar al ejército enemigo. Y si a esto se llama superioridad en la guerra entre los pueblos, dudoso es el derecho de afirmar que es inferioridad en la lucha entre los individuos. El astuto tiene muy presente aquel consejo de Tailleyrand a los jóvenes: "desconfiad del primer impulso porque siempre es generoso"; es un estratega consumado en la lucha por la vida y ha aprendido a inhibir todos sus impulsos, dirigiéndose por los consejos de la inteligencia. No procede espontáneamente. Su conducta es siempre estudiada.

El simulador solemne es clásico; todos lo alaban y nadie podría decir por qué; tiene cierto aire de suficiencia que impone; nunca se desmiente soltando una carcajada; se ha declarado respetable y todos lo respetan, aunque no se podrían describir sus méritos ocultos. Para defenderse es ceñudo y poco amigo de tener confianzas; por eso es necio, rematadamente, y de él parece hablar Quevedo cuando analiza el origen y definiciones de la necedad: "Se declara por necio con felpas y plumas de papagayo al que tirando de la gravedad como el zapatero del cordobán, habla en tono tan bajo y pausado y a lo ministro, que parece saludador, en cuya presencia, en vez de despacho y alivio, es confusión y desorden; buscando retazos de razones imperfectas, pega unas con otras con más sentidos y dificultades que un algebrista huesos de pierna a brazo quebrado". (*Discursos festivos*). Los hombres solemnes son los más despreciables simuladores, pues viven temiendo que a la menor imprudencia se les caiga el antifaz.

Tan famosos como los simuladores silenciosos son los multiparlantes. Ya Montesquieu decía, en las "Cartas Persianas" (LXXXIII), que si hay algo más singular que las personas taciturnas y de gran talento, "son las que saben hablar sin decir nada y que divierten una conversación durante dos horas sin que podamos recordar una palabra de las que han pronunciado". Son los parlanchines, que por acá llamamos "macaneadores".

De estos últimos, algunos son pacíficos y si molestan no hacen daño; en diez minutos pueden contradecirse veinte veces y tienen el tacto de no aferrarse a ninguna de sus palabras, pues no expresan con ellas opiniones. Otros son más incómodos, pues ofende su tenaz adhesión a los disparates que por casualidad enuncian; ignoran que la más grave falta de respeto consiste en discutir por testarudez o por espíritu de contradicción.

Los simuladores astutos encuéntranse en todos los medios sociales y adaptan su simulación a todas las formas de la actividad humana; los hay en los bajos fondos sociales lo mismo que en las altas clases; simulan la afectividad o la cultura intelectual*; escalan

____

* Ramos Mejía ha estudiado particularmente *Los Simuladores del talento*, en un interesante libro de proyecciones políticas.

"Estos hombres mediocres e inútiles que son la expresión humana de aquella animalidad defensiva, tienen en su espíritu, como los paralíticos y los mudos en su cerebro, *suplencias* de extraordinaria aplicación, el don de espera del batracio oportunista, las transmutaciones de la forma, el uso del color, las actitudes, las complicadas comedias de todo lo que hiere el sentido alerta de sus enemigos. Todo ello no les sirve para agredir, sin embargo, porque la iniciativa es propiedad del talento como la fecundidad de la vida; pero se defienden con armas cuyo uso y mecanismo ignora aquél, porque es inocente y sin malicia frecuentemente...".

"Ciertas aptitudes dispersas que por una educación progresiva han llegado a un desarrollo considerable, establecen por el uso la corrección falaz de un funcionamiento complicado, alcanzando a constituir verdaderos *aparatos mentales*, que invitados al movimiento por cualquier remoto peligro, entran en acción con la regularidad de un mecanismo registrador. Tales aparatos están generalmente constituidos por grandes o pequeñas disposiciones para la simulación: *aptitudes y actitudes*, ambas combinadas, porque en el fondo no hay otra cosa que histrionismo desvergonzado".

"Tienen en el espíritu todos los elementos de la ilusión y un dispositivo teatral por medio del cual, combinando simples *manchas*, dan en el lienzo la sensación completa de cosas que a la distancia resultan acabadas; con la escoba sugieren la sensación de un hombre, con un diario una bandera, con el bastón un cetro y si el público tiene cierta disposición, que las precauciones y el interés de una posición política, huyen de la cárcel, conquistan una dote, estafan a un imbécil, consiguen honores, seducen a una joven o sugestionan a una turba de electores. Su fin es siempre el mismo: triunfar en la lucha por la vida; el medio no varía: fingir, siempre fingir.

Muchos de los caracteres que suelen atribuirse al simulador astuto, pertenecen, como veremos, al *simulador servil*; entre ambos debe evitarse confusión.

Para señalar algunos casos de simuladores astutos, a fin de ilustrar estas páginas con ejemplos concretos, no habría más dificultad que la elección.

¿Quién no recuerda, poco tiempo ha, el rapto de Gip, la escritora francesa, simulado con fines de reclamo? Su digno *pendant* debía ser, naturalmente, la simulación del otro sujeto que se presentó—con fines idénticos—a la policía de París, denunciándose raptor de la misma Gip... que no había sido raptada.

Frecuentísimas son, por otra parte, las simulaciones de originalidad en la vida intelectual, los *plagios*; y las disimulaciones del autor: los *pseudónimos*. No podemos detenernos en su análisis.

Un caso típico de simulador astuto, con fines de utilidad inmediata en la lucha por la vida, nos refirió el profesor Ramos Mejía. Siendo él estudiante, un enfermo ingresó en el viejo hospital de Buenos Aires, situado en la calle de Independencia, con úlcera varicosa en una pierna. La curación se prolongó y el individuo se fué adaptando muy bien a la vida holgazana del hospital. Cuando sanó de su úlcera comenzaron a notarse en él los síntomas de la ataxia, que fueron acentuándose hasta completar el cuadro clínico. Ese enfermo sirvió durante varios cursos para la enseñanza de dicha enfermedad a los alumnos. Sólo después de utilizarlo algunos años como caso clínico, se descubrió que el sujeto no era atáxico; había simulado serlo, imitando los síntomas de un vecino de cama, para no perder las comodidades gratuitas que el hospital le proporcionaba.

Otro caso, igualmente típico, observamos personalmente hace poco tiempo. Un sujeto de buen humor, ya entrado en años, pero que aún conservaba en vigorosa plenitud sus tendencias galantes, fué operado de un afección sin importancia. Dos días después, le oímos comunicar a un vecino su propia desesperación; decía que le habían inutilizado para siempre y amoldaba su fisonomía al estado de ánimo que es de imaginar. Supimos más tarde que el enfermo simulaba haber sido castrado para ganarse la confianza del incauto vecino y continuar impunemente sus amoríos con la sobrina del mismo.

Astutos simuladores profesionales eran aquellos augures clásicos, que no podían encontrarse sin reir. Y también lo fué aquel Pisístrato de quien dícenos Herodoto que, para satisfacer sus ambiciones políticas, hirióse en varias partes del cuerpo y se presentó al pueblo diciendo que le habían asaltado sus enemigos.

Fácil sería complementar el examen de las simulaciones con el de las disimulaciones astutas*; según

---

* Como complemento lógico de su paradojal estudio sobre los *simuladores del talento*, examina Ramos Mejía a los *disimuladores del talento*; esta disimulación es un hecho posible, aunque no frecuente.

"Así como hay quien simule el talento para vivir y triunfar en la lucha por la vida, así hay también quien, con el mismo fin, lo disimula; de manera que, frente al grupo numeroso de los simuladores está el de los disimuladores.

"La disimulación es una función tan defensiva como la otra que le hace *pendant*. Difieren ambas en que aquélla tiene un carácter de mayor pasividad y es menos dramática en sus procedimientos. Y, sin embargo, es más fácil *disimular* que *simular*, porque el disimulo, que no tiene el poder sugerente de la mímica y del ruido, se

hemos demostrado, ambos fenómenos son el anverso y el reverso de una sola medalla, teniendo una finalidad y un mecanismo idénticos: todas las cualidades morales se simulan si son útiles y se disimulan si son nocivas.

Simulando la bondad y la virtud medran en la sociedad innumerables pícaros y viciosos; de esa manera parecen menos temibles y burlan la confianza de los que creen en sus falsas cualidades. Hay quien simula la lealtad, para traicionar más eficazmente; hay quien simula la modestia, para que se le confunda con los grandes hombres que generalmente procuran no estorbar a los torpes con su excesivo ingenio; hay quien simula la generosidad, y todos conocemos esos falsos protectores que maniatan a sus protegidos; hay quien simula la ecuanimidad, para herir mejor a las víctimas de su envidia; hay quien simula la caballerosidad, ocultando el abajamiento de sus costumbres.

---

presta más fácilmente al análisis y al examen de la curiosidad que a menudo fracasa frente a la deslumbrante movilidad de ésta. La impenetrable quietud del disimulador ofrece un procedimiento menos rico de recursos y de engaños que la inquieta variabilidad del simulador.

"El reducido despliegue de sus aptitudes defensivas, se limita generalmente a *achicarse*, a reducir la superficie de agresión para ofrecer menos flancos al ataque y pasar más fácilmente desapercibido. Posee un dominio genial sobre las funciones de relación, la fisonomía y la emotividad, de manera que ningún agente de perturbación sensitiva pueda tomar de sorpresa a la más inquieta fibra muscular o al más humilde de los cilindros nerviosos que conduce impresión o movimiento. La oclusión completa de todos los canales de exteriorización, para que todas las funciones circulatorias de la sensación se hagan debajo de la superficie tegumentaria, constituye algunas de las tantas ruedas del aparato destinado a imitar la muerte y el silencio, la indiferencia y la insensibilidad más completa, a los fines de ocultación provechosa" *Loc. cit.*—(Nota de la 3.ª edición).

Toda virtud puede ser simulada, desde la caridad por el usurero hasta la ilustración por el charlatán. En el "cuento del tío"—cuyas formas son muchas más de las que persiguen las policías—todo el éxito depende de la habilidad con que un "compadre" simula la candidez, haciéndose, como aquí suele decirse, el "otario".

La simulación de la estupidez es una de las más generalizadas y provechosas. Dado el enorme porcentaje de personas que odian cordialmente todo lo que difiere de ellas mismas, "hacerse el zonzo" es un recurso incomparable en la lucha por la vida y factor seguro de éxito en el trato con personas que son tontas de verdad. Quien necesitando empleo demostrara a su futuro jefe aventajarle en inteligencia o ilustración, sería substituido en la elección por otro que no pudiera constituir con el tiempo un temible rival en la lucha por la vida, sostenida también por el superior. Las mujeres de poco talento suelen temer a los hombres "demasiado corridos". Los profesores mediocres tiemblan de que ingrese al cuerpo docente un profesor brillante; prefieren a los que no pueden echarles sombra, *similia similibus*. Y en todas partes, poco más o menos, la banal tontería es preferida a la agudeza de ingenio.

Por eso es frecuente que los hombres de mucho talento y de virtudes severas disimulen esas cualidades en su trato diario con personas de mente obtusa o de moralidad equívoca. La sociedad quiere iguales, no tolera diferencias. Al que es evidentemente superior, sólo puede tolerarlo si presenta defectos o fallas que hagan soportables sus cualidades; el que no tiene los defectos, debe simularlos, para ser tolerado; la prudencia lo exige. Si naciera un hombre perfecto no se le permitiría vivir, nadie lo perdonaría; sería indispensable que simulara algunos vicios o tonterías para calmar la alarma o la envidia de los demás. Cuando Eneas descendió a los infiernos, para ablandar al monstruo que vigila sus puertas, llevó una torta y la arrojó al gaznate de Cerbero: "el mérito—comentó Helvecio—para calmar el rencor de sus contemporáneos, debe echar la torta de algún ridículo en la garganta de la envidia". Parecer tonto y tolerante de la tontería ajena, parecer condescendiente con la ajena picardía, es el tributo de simulación que la sociedad exige al ingenio y a la virtud.

Y, repetimos, a cada instante presenciamos estas simulaciones y disimulaciones astutas; en el hogar y en el club, en el comercio y en las artes, en la iglesia y en los parlamentos.

———

2.º. Para discurrir serenamente del *simulador servil*, fuera menester librarse de la antipatía que provoca en todo espíritu honesto. Servil es antítesis de hombre. Se es siervo por necesidad y servil por elección. El primero despierta lástima o simpatía; el segundo sólo engendra repugnancia. La vida del hombre servil es un eslabonamiento infinito de simulaciones. Se ha observado que las clases dominantes, de todas las épocas y en todos los pueblos, han cultivado el servilismo de las masas mediante la educación, para asegurar mejor la perennidad de su dominio; así adquiere el hombre servil una moral propia, según la cual sus más íntimas tendencias y deseos son disimulados y sustituidos por otros que son del amo o señor. "Serviles—dice Sergi—son todos los que sirven y están dispuestos a servir a los poderosos: los que se prestan voluntariamente, con la fuerza física o con otros medios, a vencer o castigar a las personas consideradas como rebeldes o contrarias a la voluntad de un dominador, aunque sea del momento; son los que se oponen a toda manifestación de sentimientos independientes o libres, ya sea por la palabra, ya por medio de escritos; también lo son quienes quisieran que todas las personas adorasen a los gobernantes, aprobaran siempre sus actos y se dejasen manejar como carneros, seres inferiores entregados al capricho del amo". (*Le degenerazioni umane*).

En la genealogía de los simuladores serviles encontramos dos ramas diferentes. Algunas veces trátase de individuos que, después de haber sido espontáneos y sinceros en extremo, sucumben en la lucha por la vida, viéndose obligados a amainar su penacho, a disimular su verdadero carácter y simular el requerido para recuperar posiciones perdidas en la lucha por la existencia; este simulador es, en realidad, un sincero derrotado, que se resigna a fingir. Otras veces se trata de sujetos débiles e inferiores, que tienen suficiente flexibilidad para seguir sistemáticamente en la vida el camino de las menores resistencias; viven sin personalidad propia, ocultando todo cuanto pudiera ser una traba en su carrera y fingiendo todo lo que puede captar favores, simpatías, benevolencias. Ese tipo psicológico es perjudicial a la sociedad; además de ser conservador es reaccionario y se opone a todas las iniciativas de los innovadores.

Psicológicamente, ambos tienen una textura compleja. En la del primero se fusionan el ambicioso, el cobarde y el prudente; en la del segundo el apático, el tímido y el impotente.

Muchos espíritus hermosamente originales, rebosantes de jactanciosa independencia, caen al fin en la simulación servil, adaptándose a las imposiciones del ambiente social que ha neutralizado su personalidad hasta confundirlos con la masa de los amorfos; otros, más hábiles en su docilidad adaptativa, llegan hasta fingir el aplauso al enemigo de ayer, resignándose a servir al que no pueden vencer. Y del segundo tipo conocemos un colega, cuya evolución mental y social hemos seguido paso a paso; la naturaleza fué avara con él de dones intelectuales, pero pudo cursar su carrera constituyéndose en puntual discípulo y servil admirador de todos los profesores. Jamás aparentó dudar de sus palabras, ni atrevióse a faltar a sus lecciones, ni olvidó clasificarlas de insuperables; con ese entrenamiento salvó examen tras examen, sin perder un solo año. Y cada vez que aprobaba una materia, frotábase las manos satisfecho, aconsejando a los reprobados: "con fingir admiración a los profesores, no hay necesidad de leer un solo libro".

Si persistiésemos en esbozar las principales figuras de simuladores serviles encontrados en la vida, nos expondríamos a llenar infinitas carillas que evocarían siluetas harto conocidas. Podríamos recorrer la escala que va del cortesano—por temperamento o por hábito —hasta el esbirro, dispuesto a perseguir mañana a sus amos de hoy; y también encontraríamos a los "meneurs" y caudillos, siempre esclavos de las muchedumbres que creen dirigir.

Sólo citaremos un caso curioso que, por muy conocido, no deja de ser interesante. Dos españoles, pertenecientes a la Masonería, vivían de la propaganda anticlerical, publicando pasquines y panfletos virulentos contra el catolicismo. El negocio comenzó a declinar; entonces los sujetos se presentaron a la iglesia del Salvador de Buenos Aires, abjuraron de su fe masónica y entregaron sus invendibles ediciones de panfletos anticlericales, con los que se hizo público auto de la fe en la nave principal de dicha iglesia. En seguida hiciéronse propagandistas de los Círculos de Obreros Católicos, redactando su órgano oficial y dando a luz numerosos panfletos contra la Masonería. Por supuesto, la conversión era simulada, como todos sus nuevos escritos y discursos; ello no obstó para que durante mucho tiempo, explotaran la interesada credulidad de los católicos mediante esa grotesca simulación.

También podríamos citar muchos políticos, reputados por su elocuente retórica electoral, cuya característica es defender siempre los candidatos del partido que está en el gobierno; si llegan a turnarse diversos partidos, ellos simulan en los diversos casos la misma sinceridad y ardoroso entusiasmo, lo que les vale magníficos triunfos en la lucha por la existencia.

Abreviaremos esta página poco simpática; la pluma no encuentra en ella inspiraciones, ni el carácter ejemplos. Estos simuladores serviles producen nefastos efectos sociales; quien quiera medir la perniciosa acción de los que así sobreviven y triunfan en la concurrencia social, lea las páginas brillantes que Sergi les dedica en el capítulo "Siervos y Serviles" de sus estudios sobre las degeneraciones humanas.

VIII.—LOS SIMULADORES POR TEMPERAMENTO

Hemos dicho que existen dos grupos de factores esenciales. Los mesológicos, propios del ambiente, producen el simulador adquirido; los orgánicos, propios del temperamento individual, caracterizan al simulador congénito. Así como hay mentirosos, valientes, avaros, ambiciosos, que lo son por temperamento y a pesar de todos los obstáculos que el medio puede oponer a su peculiaridad psicológica, así hay también simuladores-natos, en quienes predomina el factor orgánico en la determinación de la tendencia a simular.

En los de este grupo puede no existir un propósito socialmente utilitario; así como el mentiroso-nato miente para satisfacer un impulso de su cerebro, como el pródigo-nato derrocha su fortuna sin medir las desventajas que ello le reporta, como el delincuente-nato se ensaña en la víctima por carecer de sentido moral y no porque en ello tenga lucro, el simulador-nato simula desinteresadamente; la simulación es el fin de su conducta y no un medio para obtener ventajas de otra índole. En este sentido puede considerarse como un juego; y es sabido que el valor biológico de este último consiste en que tiende siempre a adoptar formas de actividad específicamente útiles para la mente y para el cuerpo.

Todo lo dicho puede generalizarse a los disimuladores de esta misma categoría. Estudiaremos aquí los tipos mejor caracterizados del grupo: el *simulador fisgón* y el *simulador refractario*.

————

1.º. Hemos conocido algunos simuladores fisgones. Sujetos mentalmente superiores, hiperestésicos e hiperactivos a la vez, exuberantes de vida y de alegría, su ocupación característica es deleitarse en "tomar el pelo" a los tontivanos, haciendo un verdadero deporte de la *fisga*: "burla que se hace de una persona, con arte, usando de palabras irónicas o de acciones disimuladas", según la define el Diccionario de la Academia. Esa forma de juego, a puro ingenio, suele llevarlos a simulaciones extraordinarias, elevándolos de muchos codos sobre los demás simuladores.

El *fisgón*, "que tiene por costumbre fisgar o hacer

burla", según la Academia, (la palabra francesa equivalente es *fumiste*) no simula para adaptarse a las condiciones de lucha por la vida, sino por tendencia natural, expresión, acaso, de simulaciones utilitarias de sus antepasados, transmitidas hereditariamente como tendencia psicológica. El objetivo del simulador fisgón está en la simulación misma y en el placer intelectual que le reporta realizar su propósito. Es, a menudo, un artista de la simulación: trabaja, apasionadamente, por amor a su arte.

La base fisiológica de este tipo suele ser una exuberante salud física, moral e intelectual; sin ella el organismo no tiene el exceso de energías que el fisgón derrocha sin propósito útil, por simple satisfacción de su temperamento. La risa, como fenómeno psicológico—no como expresión mímica, que puede ser inconsciente y muequear sobre el rostro de los idiotas— es un privilegio de la salud y de la superioridad intelectual; entra abundantemente en la psicología de este tipo. Diríanse escritas por un superhombre fisgón las palabras de Nietzsche: "¡De esta corona de risa, de esta corona de rosas rientes me he coronado; he proclamado sagrada mi risa!... Esta corona de risa, esta corona de rosas rientes, a vosotros, hermanos, os la arrojo! ¡He proclamado sagrada la risa. Hombres superiores: aprended, pues, a reir!". (*Zarathustra*).

Su derroche de actividad prueba que el fisgón posee energías sobrantes en la lucha por la vida. El hombre inferior limítase a economizar, aprovechando útilmente lo que posee para no ser vencido; el juego desinteresado es un derroche y revela superioridad.

Esta última condición le permite fisgarse de los individuos que, no encontrándose en igual caso, luchan ineptamente por la vida. No le guía el propósito malsano de perjudicar a las víctimas de la simulación:

sólo busca el deleite de precipitar a otros espíritus en los despeñaderos de sus ficciones. Los candidatos para la práctica de la fisga no son siempre el tonto y el ignorante; el éxito sobre ellos no reportaría al fisgón grandes satisfacciones intelectuales. Cuanto más ilustradas e inteligentes sean las víctimas, tanto mayor es el éxito; el fisgón tiene, casi siempre, cierto orgullo de la propia superioridad; eso, en ciertos casos, le hace cruel para con los vanidosos y solemnes, que prefiere como víctimas de su fisga.

La psicología del simulador-fisgón es compleja; entran en su composición el ironista, el pícaro y el impertinente. Pero todos esos rasgos están convergiendo hacia el objetivo principal: la simulación.

Como casos clásicos de simuladores-fisgones son dignos de recordarse los de "Lemice Terrieux" y "Leo Taxil", ambos franceses, que alcanzaron renombre universal.

"Lemice Terrieux"—nombre que suena Le Mystérieux: el misterioso—es un distinguido escritor francés, colaborador de revistas literarias ultramodernas. Este fisgón simuló, durante muchos años, una serie de inventos y sucesos que descansaban sobre un absurdo, disimulado siempre tras apariencias lógicas; la prensa, las sociedades científicas y el mismo gobierno les prestaron su atención, estudiándolos detenidamente. Llegó, según refieren las crónicas, a engañar a la misma Academia de Ciencias. Con motivo de un accidente ferroviario presentó una memoria a la Academia exponiendo la manera de evitar los accidentes; esa corporación científica la tomó en consideración, apercibiéndose después que se trataba de una colosal simulación científica, la más absurda que imaginarse pueda.

"Leo Taxil"—de pila: Gabriel Jogand Pagés—ha

realizado el record de la fisga. Durante doce años simuló ser ardiente católico, dedicándose a combatir la Masonería. Inventó un Rito Paládico o culto de Satanás, para combatirla; una querida suya, también fisgona, simuló ser gran sacerdotisa del Paladismo, convertida por Taxil. La cosa llegó hasta engañar al mismo papa León XIII, quien recibió en audiencia particular al gran fisgón Taxil y mandó su apostólica bendición a la sacerdotisa convertida. Por fin, el formidable fisgón, ante el público más selecto de París, reunido en los salones de la Sociedad Geográfica, describió personalmente todos los detalles de su memorable farsa, declarando que la había organizado por puro placer y porque era "fumista" nato...

En Francia, parecen abundar los grandes simuladores fisgones. Entre sus literatos contemporáneos son numerosísimos los que, aparte de sus méritos literarios, poseen el talento de esta simulación. Mallarmé tiene en sus libros páginas llenas de puntos suspensivos, que el lector debe interpretar subjetivamente. Peladan simula ser gran sacerdote de ritos que no existen y dice profesar el culto del androginismo. D'Annunzio (italiano que ha sufrido contagios franceses) ha simulado, en sus primeros libros, ser partidario del amor sororal y pueden considerarse como simples ficciones los más de sus "refinamientos" amorosos. Se comprende que el primero no ha creído que significaran algo sus puntos suspensivos, ni el segundo aspiró a convertirse en andrógino, ni el tercero amó a sus hermanas: son, simplemente, estetas de la fisga. En verdad, Nordau ha incurrido en error interpretando como signos degenerativos algunos hechos simulados, simple producto de una fisga complicada de estetismo.

2.º. En la vida social desfilan sujetos inadaptados o inadaptables a su ambiente; algunos son pasivos y quedan derrotados en la lucha; otros reaccionan contra las condiciones del medio, convirtiéndose frecuentemente en simuladores. Estos *simuladores refractarios* son el producto de importantes factores orgánicos, pero sólo se exteriorizan bajo especiales influencias del medio.

En ellos la simulación no es, como en los fisgones, el fin de sí misma. Lo que les lleva a simular es el deseo de disonar con su ambiente, disgregando las ideas de los individuos entre quienes viven y luchan; son sujetos cuya finalidad es negativa y cuya simulación suele serles perjudicial.

Hacen el efecto de aquellos individuos que se disfrazan de fantasmas para asustar a los demás, y acaban por recibir una bala enviada por alguno de los que debían asustarse. Suelen considerar malo su ambiente, al cual no saben o no pueden adaptarse. Sus actos son contradictorios con los ajenos; pero no son espontáneos, sino simulados. Son divergentes, intencionalmente dispuestos para hacer resaltar lo que consideran malo, injusto o inútil en su medio.

En su compleja psicología se combinan elementos aparentemente heterogéneos. Hay algo de místico, de orgulloso, de esteta y de descortés, engarzado en el mosaico de la simulación. Ofrece este tipo dos ramificaciones compuestas, con fisonomía propia, el *poseur* y el *épateur*. El primero es un refractario combinado con un vanidoso y un esteta; el segundo resulta de la anastomosis del refractario con el exhibicionista y el paradojal.

Es refractario el niño que en la escuela simula no

poder aprender sus lecciones, cuando ya las sabe, por espíritu de indisciplina y como protesta contra las exigencias de un maestro inepto; la joven que simula odiar un candidato a esposo, rico y joven, aunque en realidad lo anhela; el creyente que simula ser ateo para enfrenar los excesos de su familia compuesta de beatos; el sabio que se finge ignorante para mortificar a un grupo de pedantes; el bueno que simula ser malo, para protestar contra la hipocresía de los tartufos; etc., etc.

Hemos conocido un caso típico digno de recordarse: un joven estudiante de ingeniería, de inteligencia clara e ilustración estimable, aunque neurópata. El medio familiar y el ambiente social en que vivía no eran de su agrado; los frenos domésticos y las conveniencias sociales le torturaban insufriblemente. En esas condiciones leyó libros anarquistas, encontrando exacta su parte negativa, la crítica de las costumbres e instituciones sociales, aunque no se convenció de la eficacia de la violencia para reformar la sociedad. No obstante su disconformidad con las ideas del anarquismo, simuló pertenecer a esa secta y, especialmente, a su grupo más exaltado: el de los individualistas dinamiteros. Su objetivo era mostrar a los individuos del medio en que vivía cuán absurdas eran sus mentiras convencionales. A esta fundamental simulación del anarquismo agregó otras secundarias, no menos curiosas. Así, por ejemplo, frente a la indiferencia de los demás ante su anarquismo, orientó su conducta por un sendero de simulación habitual; todos sus actos, uno por uno, eran lo inverso de lo que en igualdad de circunstancias hubiera hecho otro individuo. Vestía en pugna con la estética más elemental, pudiendo engalanarse con rica indumentaria; vivió varios años en los más plebeyos conventillos;

simplificó sus comidas hasta desbordar los límites fisiológicos de la nutrición mínima; en el orden moral simuló adoptar las doctrinas de resistencia pasiva predicadas por Tolstoy, a fin de mostrar cuán despreciables son los hombres violentos.

Entre sus simulaciones secundarias la más interesante fué la de su propia temibilidad. Siendo el sujeto más inofensivo simulaba ser peligroso, para que las autoridades se preocupasen de las doctrinas que fingía profesar; hízose arrestar en un *meeting* obrero, con el único propósito de exhibir un enorme cuchillo al ser revisado por la policía; de esa manera—pensaba —las autoridades y la burguesía, espantadas por el anarquismo, procurarían corregir los males que minan la sociedad contemporánea.

Este simulador desistió al fin de sus curiosas ficciones; dejó el anarquismo, resignándose a distanciarse del medio social a cuyos prejuicios e hipocresías no sabía adaptarse.

IX.—LOS SIMULADORES PATOLÓGICOS

Quien haya frecuentado por algún tiempo una clínica de patología mental, sabe cuán frecuente es la tendencia mórbida a la simulación, a veces subconsciente o automática. Krafft-Ebing ha señalado los trastornos de la fantasía, determinados en los locos por asociaciones mentales mórbidas, llevándolos tan pronto a la mentira como a la simulación. Hemos visto docenas de enfermos que han fingido síntomas aislados o cuadros clínicos completos, ora con el propósito de interesar al médico por su salud, ora engañándole sin un propósito especial bien definido. Fuera de los consultorios y de las salas de hospital, el hecho se presenta a los médicos con igual frecuencia, aunque bajo aspectos muy variables. En numerosos desequilibrados y anormales suele existir una marcadísima tendencia a la simulación, que se manifiesta en cualquier circunstancia, de manera irresistible para el simulador, como si el hábito mismo la convirtiera en un fenómeno automático. Estos sujetos son los que llamamos *simuladores-patológicos*.

El contralor de la conducta está en ellos perturbado por una anomalía del funcionamiento mental; resulta de ello una pérdida del "sentido de la adaptación al medio", de que el sujeto tiene conciencia o subconciencia, procurando compensarla mediante simulaciones complicadas.

En algunos de estos sujetos la simulación es un resultado directo de la anormalidad mental: son los psicópatas. En otros es un producto indirecto, pues el desequilibrio psíquico exagera la sugestibilidad del individuo y lo predispone a simular bajo la influencia de otros sujetos: son los sugestionados.

1.º. La tendencia a la simulación en los degenerados, no escapó a la aguda perspicacia de Morselli. "La falsedad del carácter es también anomalía frecuente en los degenerados; ofrecen una tendencia irresistible a mentir, a fingir, a disimular, a calumniar. Muchos se tejen una vida de embustes, y no siempre porque ello les convenga. Típico del desequilibrio del carácter es afirmar distraídamente una cosa, un hecho, sin reparar en las consecuencias de la afirmación; después se la sostiene con el empecinamiento habitual en los espíritus pequeños, hasta que, a fuerza de repetirla, transfórmase por autosugestión en una creencia sincera (falsificación de los recuerdos, ilusiones de la memoria)". Aquí reside el origen de la simulación inconsciente que se observa en tantos degenerados, llegando al colmo en los histéricos. Y definiendo algunas modificaciones del carácter de los alienados, debidas a la exageración de los sentimientos egotistas, dice: "carácter *falso* (astucia, complacencia en la mentira y fecundidad de invención para calumniar, propias de la histérica, del querulante, del loco razonante; mendacidad desvergonzada del alcoholista, el morfinómano, el ebefrénico masturbador; obsequiosidad hipócrita del epiléptico; picardía y tenaz premeditación de todos los alienados movidos por alguna idea impulsiva a cometer actos perjudiciales o criminosos, por ejemplo, el incendio o el suicidio; disimulación del paranoico delirante y alucinado; etcétera)".

No repetiremos las exageraciones tocantes a las relaciones entre la histeria y la simulación; los trabajos de clínicos distinguidos, principalmente de Gilles de la Tourette y Pierre Janet, han demostrado que muchos de los fenómenos que se creían simulados son esencialmente patológicos, ajenos a la voluntad del sujeto, debidos a fenómenos de subconciencia, automatismo, restricciones del campo de la conciencia, etcétera.

En este grupo se observan dos formas clínicas diversas. En un caso la enfermedad determina una tendencia mórbida a la simulación consciente; en el otro la enfermedad, mediante torcidos procesos psicológicos, arrastra al enfermo a simular inconscientemente. La anormalidad mental suele impedir una apreciación exacta de las condiciones en que se presenta la lucha por la vida; además, como observa Morselli, las mentiras y las simulaciones voluntarias, "frecuentísimas en los alienados, los degenerados y las histéricas, reiterándose, pueden terminar por ser creídas sinceramente": la mendacidad y la simulación tórnanse, con el tiempo, involuntarias.

Caben en este grupo algunos tipos intermedios entre la salud y la locura, ya recordados. Estos individuos, por su deficiencia mental, no consiguen armonizar su conducta con el medio en que viven; esa inadaptación real los induce a colocarse en terreno falso, simulando adaptaciones ficticias, creyendo que ellas facilitarán una lucha que no aciertan a plantear en condiciones normales. Otras veces la simulación es producida por la morbosidad psíquica y no tiene ningún propósito—real ni ilusorio—de lucha o adaptación.

Un caso extraordinario, clásico en la historia de la neuropatología, es el referido por Gilles de la Tourette, relativo a la célebre Sor Juana de los Ángeles. Aquella histérica creía ser poseída a menudo por un sujeto que la violaba vigorosamente, en complicidad con diablos y otros seres sobrenaturales; afirmó encontrarse en cinta, y como no faltaron algunos de los signos físicos de su embarazo simulado, el inocente sujeto que ella acusaba como autor de sus alucinaciones fué condenado.

Conocemos un caso singular de simulación en una histérica ansiosa de tener prole. A fuerza de desearlo, comenzó su abdomen a aumentar lentamente de volumen y se suprimieron ciertas funciones periódicas de su organismo. Consultó a varios médicos que no atinaban a complacer su pretensión de ser madre; hubo uno, por fin, más inepto o más complaciente, que le diagnosticó embarazo extrauterino, indicándole el nombre de un distinguido cirujano a fin de hacerse operar. Éste, sugestionado por el diagnóstico de su colega, encontró en realidad algunos síntomas de probabilidad, creyendo por autosugestión encontrar otros de certeza, sugestión contagiada a uno de sus practicantes que creyó "oir" latidos donde simplemente los sospechaba el otro. Se procedió a operar a la enferma y se encontró "peritonismo histérico", es decir, hinchazón producida por gases. La simuladora había transformado en convicción obsesiva su deseo de maternidad; las únicas víctimas fueron el operador y el agregado que "oyó los latidos".

Otro caso de neurópata simulador merece, por lo extraordinario, recordarse en pocas líneas. Se trata de un original literato, enfermo de neurastenia cerebral, con impulsos ambulatorios conscientes pero irresistibles; un caso de aquéllos que frecuentemente llegaban a la clínica de Charcot: sujetos que viajaban al azar, sin objetivo y sin rumbo, repitiendo en la vida real la leyenda de Ashavero. Este enfermo posee en grado sobresaliente varios caracteres psicológicos; sobre fondo enteramente psicopático es genialoide, simulador, mentiroso y generoso; todo en grado característico. Ha simulado los hechos más inverosímiles, sin tener en ello la menor utilidad, ni siquiera el deseo de ser creído. En un caso le vimos convertirse en cerebro y brazo de una terrible asociación secreta, cuyo nombre envidiárale cualquier delirante sistematizado: "Liga Americana de la Democracia pura"; consiguió iniciar a varios jóvenes en los misterios de la sociedad, consagrándolos reformadores sociales y profetas del americanismo. Sabiendo que sus viajes son el resultado de impulsos irresistibles de duración variable, llegó a simular que respondían al propósito de ejecutar misiones de la asociación creada por su fantasía. Realizó otras curiosas simulaciones, hostigado por sus anomalías mentales. Para eludir el modesto compromiso de un banquete ofrecido a varios amigos, simuló haber muerto, haciendo distribuir las esquelas de invitación a sus exequias fúnebres. Otra vez simuló intenciones homicidas contra un joven colombiano, cobohemio suyo; recorría las calles de Buenos Aires, anunciando a voz en cuello que le asesinaría; pero, al encontrarle, todo terminó en un caluroso abrazo de cofrade. Simuló diversos viajes a Montevideo, con el propósito imaginario de reñir con otro joven, desequilibrado como él, que había plagiado algunos de sus escritos; pero jamás realizó sus viajes, limitándose a no salir de su habitación por todo el tiempo que simulaba estar ausente. Por fin, ha simulado numerosos hurtos con el propósito de verse enredado en montepinescas aventuras policiales y, según nos ha manifestado, para estudiar el ambiente carcelario y la psicología de los delincuentes que—nuevo Dostoiewsky—deseaba utilizar como material para una novela naturalista.

Es un *simulador-mentiroso*, mixto, caso típico de los que Delbrück llama "pseudología fantástica", estudiados también por Koeppen y Kraepelin.

En la parte especial de esta obra ("La simulación de la locura") estudiamos con minuciosidad la psicología de los delincuentes en sus relaciones con la tendencia y la aptitud para simular, así como el estado mental de los simuladores de la locura, punto asaz controvertido, especialmente por los psiquiatras y criminologistas italianos; algunos de ellos—creyendo que puede ser un argumento en favor de las teorías de la Escuela—pretenden que la simulación de la locura es una característica del delincuente nato, opinión que no compartimos.

Es harto conocida la importancia que tienen en medicina legal las simulaciones de los neurópatas en general y particularmente de los histéricos. Para eludir cuestiones incidentales suprimimos cualquier consideración al respecto*.

———

2.º. La vida en sociedad es intrincada red de sugestiones de toda índole. Se extiende desde la útil sugestión del maestro sobre el alumno, hasta la perniciosa de un condiscípulo perverso; desde la caricia bondadosamente sugestiva de la madre hasta el cáliz de voluptuosidad en que las biltroteras ofrecen tentadores refinamientos; desde el ejemplo educador del laboratorio hasta el veneno de una amistad perniciosa. Todo en la vida es fuente de sugestiones que pueden llevar al mal como al bien: se transforman, se adaptan a las exigencias de cada edad, de cada profesión, de cada temperamento, de cada ambiente.

En ese vaivén de sugestiones es lógico ver germinar un tipo frecuentemente observable; bajo la influencia de sugestiones diversas algunos individuos son arrastrados a hacer de la simulación un hábito irresistible.

Si la sugestión es fuerza omnipotente—pues así como arrastra al delito a un degenerado mental, lleva al heroísmo a un entusiasta y al martirio a un místico —lógico es que en circunstancias especiales induzca a

———

* Dos psiquiatras italianos, Penta y Del Greco, partiendo de la observación de los simuladores patológicos, y especialmente de los simuladores de la locura, se inclinan a ver en la simulación un carácter psicológico inferior, un estigma degenerativo. Todo lo expuesto en el presente volumen demuestra que es una de tantas formas de adaptación a las condiciones de la lucha por la vida, una manifestación de la astucia y del fraude, más evolucionada que la brutalidad y la violencia, como instrumento de lucha y de adaptación.—(Nota de la 3.ª edición).

la simulación, o encamine en este sentido las tendencias de un sujeto ya predispuesto al fraude.

En la psicología de este tipo suelen combinarse diversos caracteres convergentes, aunque derivados de grupos diversos; se suman la credulidad, el misticismo y el estetismo, mezclados con la vanidad, el exhibicionismo y la mentira. Algunas veces se descubre una simulación de audaces perversidades en sujetos ingenuos, inocentes; así en un literato inteligente, pero degenerado, comprobamos detrás de una irresistible tendencia al erotismo simulado, la castidad y el onanismo.

El *simulador-sugestionado* lo es de segunda mano. El impulso para simular le viene de otros individuos. En psicología colectiva se sabe que la sugestión de la masa sobre el individuo puede arrastrarle a simular cosas que en realidad no ha hecho ni es capaz de hacer; en una reunión de huelguistas la sugestión del ambiente era tan grande que muchos entusiastas simulaban haber apaleado a obreros que no se adherían a la huelga; uno de ellos, incapaz de ninguna acción mala, simuló lesiones que dijo recibir en la refriega con el apaleado, imitando, sin saberlo, el clásico ejemplo de Pisistrato. Más tarde se asombraba de la sugestión del medio, que le había inducido a simular la realización de actos contrarios a sus sentimientos.

Otras veces la sugestión es individual e indirecta. Conocemos un colega, sugestionado por otro, que para ser estimado y respetado cree debe parecérsele; simula su manera de hablar y sus gestos, y, por hábito, lo hace ya inconscientemente, con pleno automatismo. De sugestión indirecta nos dan abundante ejemplo los *snobs*, que simulan los gustos e ideas que están de moda. Entre los literatos novicios es frecuente encontrar sujetos que simulan poseer malas cualidades, creyéndolas verdaderas en los fisgones por quienes están sugestionados; el *snob* literario suele fingir todo lo que cree verdadero en sus modelos.

Un joven literato, sugestionado por los decadentes franceses, creyóse obligado a simular los refinamientos y vicios fingidos por éstos, conceptuándolos verdaderos. Simulaba ser maricón, haschichista, morfinómano y alcoholista; vestía trajes raros; trasnochaba en los cafés, simulando estar ebrio, aunque sentía repulsión orgánica por las bebidas alcohólicas. Simuló estar enamorado de una joven que decía víctima de la lujuria infamante de su propio padre; de esta simulación le nació la ocurrencia de simular un suicidio, después de haber simulado un pretendido envenenamiento de su supuesto suegro y confesarse arrepentido de ello. Todo era producto de sus pueriles sugestiones, fruto de las fisgas de los estetas y superhombres cuyas obras leía con predilección y bajo cuya influencia vivía.

Agregaremos que es común observar la autosugestión en muchos simuladores, que al fin realizan con sinceridad sus simulaciones. Igual fenómeno ocurre con los otros fraudulentos: algunos mentirosos acaban por creer sus propios embustes y muchos imitadores se convencen fácilmente de su originalidad. Por otra parte, conviene reconocer que muchas veces hay un fondo sincero en lo que se simula: el solo hecho de querer fingir algo significa que el individuo estima o desearía poseer la cualidad simulada.

X.—CONCLUSIONES

El carácter humano, como instrumento de adaptación de la conducta al medio, es una expresión sintética de la personalidad. El estudio de la psicología de los simuladores se refiere a una modalidad sintética del carácter, caracterizada por el predominio de la simulación.

En la composición del carácter intervienen diversos elementos de la personalidad; el predominio de algunos produce tipos que pueden clasificarse como sensitivos, intelectuales y volitivos. Sobre esos tipos las cualidades predominantes constituyen los diversos "caracteres humanos".

Los "hombres de carácter" luchan intensamente por la vida y están diferenciados de la masa compuesta por los "sin carácter". La mayor intensidad en la lucha por la vida implica una intensificación de los medios de lucha.

Todos los hombres son simuladores, en mayor o menor grado, siendo ello indispensable para la adaptación de la conducta a las condiciones del medio. Pero la simulación es la nota dominante en el "simulador característico", en quien la simulación es el medio preferido en la lucha por la vida.

Existen dos grupos de simuladores: los congénitos y los adquiridos. En los primeros predomina el temperamento individual; en los segundos la influencia del medio social. En otros casos la tendencia a simular surge sobre fondo patológico.

Por la combinación de su carácter fundamental con otros secundarios, los simuladores pueden clasificarse en tres grupos y seis tipos principales. Los simuladores mesológicos ("astutos" y "serviles"); los simuladores por temperamento ("fisgones" y "refractarios"); los simuladores patológicos ("psicópatas" y "sugestionados").

Los simuladores mesológicos, determinados por el ambiente, exageran una forma normal de lucha por la vida; los astutos y los serviles son harto numerosos.—

Los simuladores por temperamento y los patológicos constituyen una minoría; la simulación no es, para éstos, un medio de adaptación a las condiciones de la lucha por la vida, sino el exponente de una modalidad psíquica especial.

5

SIMULACIÓN DE ESTADOS PATOLÓGICOS

I. Su utilidad en la lucha por la vida.—II. Difusión de estas simulaciones.—III. Objetivo uniforme de sus diversas formas médico legales.—IV. Principales aspectos clínicos: eludir el servicio militar, explotación de la beneficencia, simulación de la locura.—V. Enfermedades que pueden simularse.—VI. Simulación de la salud (enfermedades disimuladas). —VII. Conclusiones.

I.—SU UTILIDAD EN LA LUCHA POR LA VIDA

Siendo este ensayo una introducción al estudio particular de la simulación de la locura, justo será examinar con diligencia cierto grupo de simulaciones que conexiona el tema general con el asunto especial de la parte siguiente.

Slocker, autor de la mejor monografía sobre enfermedades simuladas, ve el asunto al través de su preocupación personal y descubre en las enfermedades simuladas los problemas de mayor importancia que se presentan a la consideración del médico. En verdad, no puede compartirse tal opinión; al médico le interesan más, sin duda, las enfermedades verdaderas.

Hacemos esa pueril salvedad para agregar que no es nuestro propósito abordar el tema siguiendo la vía trazada por los profesionales que han visto la cuestión médica, desconociendo la cuestión humana. No han sospechado que una amplia ley biosociológica encuadra esos fenómenos en un marco general, abarcando todos los fenómenos de simulación en la vida biológica y social. Se ha estudiado en las enfermedades simuladas el hecho clínico y médico-legal, ignorándose su aspecto psico-sociológico. Para lo primero basta ser médico; para lo segundo requiérense otros conocimientos científicos, ajenos al bagaje mental de los profesionales de la medicina.

Léese en todos los autores que Hipócrates, Galeno, Ambrosio Pareo, Silvaticus, Fidelis, Zacchia, Steurlín, y otros, hacen referencia especial a la simulación de enfermedades. Fodéré , Belloc, Marc, Dehauss, Robecourt, Setier, Gilbert, se ocuparon de ella en el siglo XIX. Respecto de simulaciones especiales en el ejército, escribieron Souville, Borié, Moricheau-Beaupré, Percy y Laurent, Coche, Fallot, Hennem, Hutchinson, Chegue, Marshall, Kirchkof, Isfordink, en la primera mitad del siglo; en los últimos cincuenta años la bibliografía es muy vasta. Permanece clásico el tratado de Boisseau, siendo realmente estimables los de Duponchel, Devergie, Derblich, Slocker y pocos más.

Estudiaremos el asunto de distinta manera; elevando el punto de observación ensancharemos nuestro horizonte.

En los capítulos precedentes hemos visto que el hombre, como todos los seres vivos, lucha por la vida;

para ello posee medios de diversa índole, que se adaptan a las condiciones de la lucha; entre los medios fraudulentos la simulación es de los más generalizados y asume numerosas formas adaptadas al ambiente.

Los medios de lucha por la vida se transforman tendiendo a obtener la mejor adaptación con el menor esfuerzo, es decir, en el sentido de la menor resistencia.

En las sociedades humanas el principio de la lucha por la vida se atenúa progresivamente, desarrollándose otro principio, el de asociación, que tiende a modificar radicalmente las condiciones de la lucha misma; al antagonismo absoluto entre los individuos, al *mors tua vita mea*, se oponen numerosas y complicadas formas de solidaridad social.

Esa evolución se caracteriza por fenómenos paralelos, producidos en la mente humana y en la organización social. Psíquicamente, tenemos el desarrollo progresivo de los sentimientos llamados altruístas, que en la evolución mental de la humanidad tiende a extender la solidaridad del individuo a la familia, de ésta a la tribu, de ésta a la raza o a la nación, y de ésta a la humanidad. Sociológicamente, se caracteriza por la formación de instituciones que, en su conjunto, constituyen la beneficencia, evolucionando de formas primitivamente utilitarias, (beneficencia positiva) hacia formas cuyo utilitarismo es cada vez más indirecto, (beneficencia negativa); ambas bien estudiadas por Spencer. Estas instituciones sociales resultan de la evolución mental indicada.

La evolución altruísta de los sentimientos humanos se inicia en presencia del dolor ajeno. El débil y el inferior han podido ser objeto de desprecio; no lo fué nunca el enfermo. El hombre, que busca rehuir el dolor y encontrar el placer (nosotros diríamos que trata de seguir su evolución por el camino de las menores resistencias), debe, necesariamente, conmoverse ante el dolor de sus semejantes. En el salvaje y en el niño ya se encuentra ese fundamental sentimiento de *piedad*, inherente al hombre considerado como animal sociable; cuando falta, lo mismo que el sentimiento de *probidad*, el hombre es un ser antisocial, es decir, un delincuente. Confirma nuestras ideas la clásica definición de Garófalo.

Considerado el hombre como unidad social, en lucha contra sus propios semejantes, su *locus minoris resistentiae* para los enemigos debe ser siempre el sentimiento de piedad, punto de arranque del altruísmo; las instituciones de beneficencia son su expresión social. Por esto, dentro de nuestro concepto funcional de la simulación, debemos encontrar aquí una forma especial perfectamente adaptada a ese lado vulnerable; la simulación explota el sentimiento de solidaridad social, en su forma de piedad por el dolor, y determina la simulación de estados patológicos.

No discutiremos las desventajas que el incremento de la solidaridad social puede tener para la selección humana; mientras multitudes laboriosas y fecundas carecen de lo necesario, duele ver que los manicomios, las cárceles y los asilos entretienen la cómoda holgazanería de seres improductivos, cuando no perjudiciales. Es el eterno problema de la lucha contra el parasitismo social de los degenerados, frente al de la justa protección a las clases trabajadoras; un cultor de la frase podría decir que se degenera a las masas mediante la miseria, para darse luego el lujo de mantenerlas en ocioso parasitismo. Sergi, en "Las degeneraciones humanas", ha dedicado un bello capítulo al estudio de la supervivencia de los débiles y de los inferiores; Nietzsche la fustigó acremente, invocando contra ella el mejoramiento selectivo de la especie humana.

También pasaremos por alto la dilucidación de otro problema que, si debiera ser cuidadosa, requeriría, como la anterior, un volumen aparte. La piedad y la solidaridad con los enfermos, traducidas en ventajas reales que la sociedad les brinda en la lucha por la vida, expresan nuevas formas evolutivas del utilitarismo individual; la máxima galilea "haz a otros lo que quisieras fuera hecho contigo mismo" es altamente utilitaria; aunque atenúa la lucha por la vida, no está en contradicción con ella, pues representa la mejor forma de asociación para la lucha. Comprobaríase, una vez más, que el altruísmo, lejos de ser antagonista del individualismo, es su forma superior y más socializada; corresponde a formas asociativas de lucha por la vida, que, en definitiva, son las más ventajosas para los individuos.

En rigor podríamos ver que la simulación de enfermedades es paralela a la evolución de la lucha por la vida entre los hombres. A medida que esta lucha se atenúa, por el desarrollo de los sentimientos altruístas de piedad, la simulación de estados patológicos presenta mayor ventaja y tiende a generalizarse.

El estudio de la cuestión bajo esta nueva fase merece tentar a los que han acumulado datos clínicos y médico-legales sobre las enfermedades simuladas; hay una rica veta de observaciones psicológicas y sociales que no han sabido descubrir los autores, demasiado médicos, que han tratado esa materia. Diríase que el hábito ha restringido su campo visual al círculo estrecho de las preocupaciones clínicas.

Antes de terminar digamos dos palabras sobre otra cuestión, nacida también del sentimiento de piedad, cuyo protagonista suele ser el médico. Hay formas de rutina profesional que perjudican seriamente a la sociedad. Cuando el médico, llevado por su piedad, prolonga por días o minutos el dolor de un enfermo incurable, realiza una crueldad nociva; procede en armonía con sus sentimientos, propios del ambiente, recibidos por la herencia y disciplinados por la educación; pero en realidad cumple una misión inhumanitaria. La función social de la medicina debiera ser la defensa biológica de la especie humana, orientada con fines selectivos, tendiendo a la conservación de los caracteres superiores de la especie y a la extinción agradable de los incurables y los degenerados; se evitaría con ello el desperdicio de fuerzas requerido por el parasitismo social de los inferiores, alejando, a la vez, la posible transmisión hereditaria de caracteres inútiles o perjudiciales para la evolución de la especie. Pero este problema sólo puede señalarse, por ahora, en el orden teórico. Acaso los hombres del porvenir, educando sus sentimientos dentro de una moral que refleje los verdaderos intereses de la especie, puedan tender hacia una medicina superior, selectiva; el sereno cálculo desvanecería una falsa educación sentimental, que contribuye a la conservación de los degenerados con serios perjuicios para la especie[*].

II.—DIFUSIÓN DE ESTAS SIMULACIONES

Las simulaciones de estados patológicos ofrecen vasto campo de observación y de estudio. Así como es fácil encontrar en el mundo biológico los primeros

---

[*] Estas opiniones acaban de ser confirmadas por el *movimiento eugenista,* rápidamente difundido.—(Nota de la 3.ª edición).

ejemplos de simulación en general, también se encuentran los de enfermedades simuladas. El hecho se explica, puesto que entre las especies animales aparece el principio de asociación para la lucha, originando el sentimiento de solidaridad; por eso, en los animales que se asocian pueden encontrarse enfermedades simuladas.

Los animales asociados con el hombre, adaptados a la domesticidad, simulan con frecuencia estados patológicos. Poseímos un perrito muy inteligente que recurría con frecuencia a la astucia. Enfermó en cierta ocasión y le regalamos de golosinas; curado de su pasajera dolencia, dos meses más tarde, viendo un plato con dulce de leche, el astuto animal simuló estar enfermo; echóse en un rincón llorando enternecedoramente. Nadie sospechaba el motivo de su repentina enfermedad; el dulce fué comido sin darle participación alguna. Pocos momentos después el animal curó de su fingida dolencia, resignándose, apresuradamente, a lamer los platos pringosos de dulce.

Entre los hombres de campo los hay muy hábiles para reconocer las enfermedades simuladas por los animales. Todos hemos visto caballos que se fingen enfermos antes de ser atados; después de estarlo desisten de su simulación, trabajando sin inconvenientes.

Es harto conocido el ejemplo del pato que arrastra el ala al volar, simulando estar herido, con el propósito de defender su nido mediante esa estratagema. Al estudiar las simulaciones en el mundo biológico, hemos recordado que muchos insectos, viéndose amenazados, fingen estar muertos. Cuando niños, todos pasamos emocionantes momentos contemplando las luchas entre el gato y el ratón; este último suele simular estar mal herido o moribundo para intentar la fuga en momento inesperado. Recorriendo los libros de Romanes, Wallace, Cuénot y otros, podría coleccionarse una larga serie de ejemplos de simulación de enfermedades en los animales.

En los hombres son frecuentísimas; en todos los idiomas y dialectos existen modismos o vocablos especiales para expresarlas. En la jerga popular mil frases lo revelan, y algunas de ellas están generalizadas entre las personas cultas.

No se crea que el fenómeno es moderno. Basta abrir el Génesis para encontrar a Raquel simulando estar indispuesta para no levantarse de la cama donde tiene escondidos ciertos ídolos robados; en otra parte, en el Libro de los Reyes, encontramos a David simulando haber perdido la razón para sustraerse a las iras de Saúl; y en otro pasaje de ese libro pornográfico que se llama la Santa Biblia, Amnón, hijo de David, simula estar enfermo para guardar cama y desahogar su amor incestuoso con su propia hermana Tamar.

Es seguro que antes de los tiempos a que la Biblia se refiere existían enfermedades simuladas. Como observa Tomellini, el hombre debió concebir esta forma de simulación al observar por vez primera que ante el quejumbroso ¡ay! del enfermo sus semejantes le rodeaban de atenciones cuidadosas, eximiéndole de ciertos deberes fundamentales que la lucha por la vida impone. Sin engolfarnos en el análisis de las formas que debió revestir este fenómeno a través de la historia, limitémonos a decir que donde hay asociación en la lucha y sentimientos de solidaridad social, algunos sujetos astutos simulan estar enfermos para explotar esos sentimientos.

En un epigrama de Marcial encontramos la historia picaresca de Celio, que simulaba estar enfermo de gota para no cumplir ciertas obligaciones de la vida cortesana; pero con tan mala suerte que a fuerza de fingir la enfermedad acabó por contraerla de veras. Apiano cuenta de un tal que para esquivar persecuciones se fingía ciego, no sospechando que al quitarse el emplasto se encontraría realmente privado de la vista; y Plinio, para probar la fuerza de la imaginación, refiere de un sujeto que soñó estar ciego y despertó privado de la vista. No son raros los hechos de este género; Montaigne, en sus ensayos (Libro II, Cap. XXV), aconsejó "de ne contrefaire le malade", por ser peligroso para el simulador.

Es seguro que en ciertas épocas de mayor relajación moral se ha difundido extraordinariamente la costumbre de simular enfermedades. Casos hay de ella en la mitología y Ulises se valió muchas veces de este recurso para salir de aprietos. En la edad media esta clase de superchería llegó a ser epidémica; bástenos recordar la famosa "Cour des Miracles", donde se reunían todos los mendigos, pícaros y trapizondistas del viejo París. La novela picaresca española es una verdadera enciclopedia de simulaciones y difícil es encontrar un sólo relato en que no aparezca un falso mendigo que simule enfermedades para explotar la credulidad del prójimo.

Son muchísimos, sin duda, los acontecimientos históricos de importancia en que la simulación por parte de altos personajes juega un papel principal; Boisseau indica varios; otros son recordados en el diccionario de medicina de Dechambre y algunos en los demás autores. Pero no es nuestra tarea repetir sus datos ni investigar otros nuevos; Ésa es obra paciente de cronistas.

Sólo agregaremos que la disimulación de las enfermedades responde siempre al propósito general de todas las simulaciones: el fin es adaptarse en el sentido de las menores resistencias. La simulación de la enfermedad es, precisamente, una disimulación de la salud, y viceversa. Simúlase la enfermedad cuando ella ofrece ventaja sobre la salud; se simula ésta cuando la enfermedad coloca al sujeto en condiciones desfavorables que conviene ocultar.

III.—OBJETIVO UNIFORME DE SUS DIVERSAS FORMAS

Desde el punto de vista médico-legal la simulación de enfermedades comprende fenómenos muy diversos. Slocker los especifica como sigue: *Simular* una enfermedad es fingir las manifestaciones comunes del proceso simulado; disimularla es ocultar las manifestaciones sintomáticas con que la enfermedad real perturba las funciones biológicas; *pretextarla* es referir las manifestaciones patológicas, procurando demostrarlas incompatibles con determinadas funciones; *provocarla* es ponerse en las condiciones necesarias para alterar una o varias funciones normales; *exagerarla* es presentar con mayor intensidad los síntomas clínicos de la enfermedad existente. Así fijados esos conceptos parciales, dedúcese claramente que todos entran en el concepto genérico de la *simulación*. Disimular es simular el estado fisiológico; pretextar es simular la incompatibilidad entre una enfermedad y el cumplimiento de una obligación; provocar es simular que han sido espontáneas las condiciones determinantes de la enfermedad; y, finalmente, exagerar es simular manifestaciones patológicas mayores que las existentes.

Por lo dicho, agrega el mismo Slocker, desde el punto de vista médico-legal, las determinaciones periciales o simplemente diagnósticas han de referirse a cada uno de esos distintos aspectos de la simulación de enfermedades. Su estudio debe proponerse: 1.º. Determinar si un individuo está enfermo o finge estarlo, o bien si es verdadero el defecto físico que presenta; 2.º. Determinar si un individuo, que dice estar sano, oculta alguna enfermedad o defecto físico; 3.º. Determinar el fondo de incompatibilidad que la enfermedad alegada puede tener para las funciones que debe desempeñar el individuo afectado; 4.º. Determinar si una enfermedad, lesión o defecto físico, han sido provocados.

En la práctica médico-legal algunas simulaciones de estados patológicos tienen interés especial. Fuera de la simulación de la locura, que dilucidaremos extensamente, el médico legista suele encontrar simulación de lesiones, de embarazo, de neurosis traumáticas, de estupro, de impotencia, de suicidio, etc., etc. Todos esos casos pueden revestir un alto interés penal o civil, habiéndose determinado para cada uno de ellos normas especiales que permiten, casi siempre, desenmascarar a los simuladores.

IV.—PRINCIPALES ASPECTOS CLÍNICOS

Pertenece a los tratados especiales el estudio clínico de las enfermedades simuladas; muchos autores lo han realizado satisfactoriamente. Nuestras observaciones personales poco pueden agregar y su interés sería muy relativo.

En cambio, procuraremos encuadrarla dentro de principios generales, encarando el estudio de sus factores determinantes para hacer resaltar que su objetivo es obtener una ventaja en la lucha por la vida; señalaremos cuál es, en nuestro concepto, su evolución y cuál la profilaxia que puede suprimirlas.

Boisseau afirma que la realización de cualquier acto útil o de interés puede determinar un hecho de esta índole. Esta verdad general, concordante con nuestra ley, no debe interpretarse en un sentido absoluto, pues ciertos sujetos simulan, por causas patológicas o por temperamento, como vimos al analizar la psicología de los simuladores.

La simulación de enfermedades es frecuente entre los neurópatas, especialmente entre los histéricos; la imitación y la sugestión tienen en ellos primordial importancia. Hemos conocido un histérico cuyo anhelo supremo era que el médico se preocupara diariamente de él; vecino de cama de un sujeto afectado de parálisis espinal de Brown-Séquard, observó que este enfermo era objeto de cuidadoso examen diario; un día le vimos pasear por la sala arrastrando la pierna derecha, y al interrogarle nos manifestó que tenía insensible la pierna izquierda; observamos cuidadosamente su injustificada sintomatología, comprobando que el histérico simulaba las dolencias de su vecino para atraer la atención de los médicos. Un neurasténico simulaba vómitos y dificultades digestivas para obtener una dieta especial que se daba a otros pacientes.

Las causas varían al infinito. Una joven señora, a la que nada faltaba en su hogar, sentía necesidad de ser infiel a su marido; celoso éste, no la dejaba satisfacer sus inclinaciones. Ella, entonces, simuló estar afectada de histeria; el esposo, en presencia de sus ataques, cada vez más intensos, le permitió recorrer varios consultorios médicos, donde ella obtenía de los facultativos el único remedio compatible con su enfermedad. Otro falso enfermo ofreció el reverso de la medalla; era un joven ligado por vínculos de convivencia a una mujer que no amaba; faltándole valor para abandonarla sin justificación, fingióse enfermo, consultó al médico y le refirió ciertos datos que imponían el diagnóstico de una enfermedad vergonzosa. Provisto de las correspondientes recetas, inició un tratamiento de fricciones mercuriales y yoduro; la víctima del engaño se apresuró a averiguar para qué servía ese tratamiento y cuando lo supo le abandonó indignada. El simulador obtuvo así el éxito más completo.

En la forma parcial de agravación de los síntomas, la simulación de enfermedades es frecuentísima en los hospitales, donde los huéspedes quieren evitar que se les despida para no perder la pensión de la beneficencia pública. Enfermos curados, al despedírseles, simulan ser nuevamente atacados por la enfermedad o acusan la simple exageración de alguno de los síntomas. Quien haya asistido a una sala de hospital conoce la frecuencia de esos casos.

Otro falso enfermo recorría consultorios particulares exponiendo sus lamentaciones por imaginarias dolencias; cuando el médico había formulado la receta, el presunto enfermo se echaba a llorar y confesaba, con voz entrecortada por sollozos, que faltábale dinero para adquirir los medicamentos. El médico, por verdadera generosidad o por librarse del importuno, dábale la suma necesaria para la adquisición de los remedios. El dinero no terminaba en la farmacia, sino en la taberna, donde el simulador bebía a la salud de la credulidad médica.

En las prácticas de la justicia menuda es harto conocido y explotado el expediente de las enfermedades simuladas, ya para eludir citaciones del juez, ya para evitar un desalojo forzoso del domicilio. En algunos casos hay simple pretextación o alegación de enfermedad; otras veces, cuando el juez puede ordenar se verifique la verdad del padecimiento alegado, el supuesto enfermo se mete en cama, simulando ante el físico los síntomas de la enfermedad certificada por un médico amigo.

Una menor de edad presentóse ante la justicia de Buenos Aires exhibiendo lesiones que decía le causara su padre, para disuadirla de un noviazgo sentimental e inducirla a un matrimonio de conveniencia; el juez quitó al padre su patria potestad y autorizó el casamiento de la menor. Por vía extrajudicial se supo que las lesiones no se las había inferido el padre sino la misma menor, por consejo del novio. Pero ya estaban casados.

En la clínica de criminología del profesor De Veyga es frecuente ver individuos que se presentan a los médicos simulando enfermedades diversas; su propósito es ser enviados a un hospital para sanar allí en seguida y recuperar inmediatamente la libertad. Otros, afectados por enfermedades crónicas, reumatismos, gota militar, tuberculosis, se limitan a simular una exacerbación de los síntomas o una crisis aguda de su mal.

Los casos enunciados dan una idea de la innumerable diversidad de causas que pueden motivar la simulación de estados patológicos y del variado aspecto clínico que ella puede revestir. Pero tres son las formas notables, abarcando por sí solas la mayor parte de las cuestiones médico-legales.

La primera encuentra su origen en la aversión al servicio militar y es usual en los conscriptos que pretenden eludirlo; cuenta una bibliografía muy vasta y ofrece buen número de casos en la observación diaria. La segunda es la explotación de la beneficencia por falsos mendigos; aunque su aparición es antigua como la caridad misma, su bibliografía es corta y no sistemática. La tercera consiste en la simulación de enfermedades mentales con el propósito de eludir la acción de la justicia penal, siendo privilegio de los delincuentes que se encuentran procesados.

Analizaremos brevemente las dos primeras, limitándonos a dar su interpretación general mediante un criterio sociológico; lo único original que cabe a su respecto. De la tercera nos ocuparemos en la parte especial.

1.º. *Eludir el servicio militar.*—Los estudios sociológicos demuestran que la fuerza brutal, colectivamente organizada, fué en los siglos pasados el medio más común de lucha por la vida entre las tribus, las naciones o las razas. En este hecho encuentra su origen el sentimiento patriótico: es la representación psicológica colectiva del sentimiento de solidaridad entre los miembros de un estado.

La organización progresiva de las instituciones militares tiene por objeto hacerlas más eficaces para sus fines. En esas condiciones es lógico que todos los miembros de una sociedad cooperen a la tarea colectiva de la guerra, cuando los intereses comunes lo exigen. Consecuencia de ello es el derecho de la sociedad para imponer a los individuos la obligación del servicio militar; se considera como un verdadero delito el acto antisocial de simular una enfermedad para eludir ese deber.

Así han nacido las disposiciones legales que castigan a los simuladores de estados patológicos, siendo su consecuencia el refinamiento de los medios empleados para descubrirlos.

Pero todas las instituciones evolucionan. A medida que los pueblos se civilizan, las formas de lucha por la vida se mortifican y los medios empleados en ella se transforman. Las nuevas formas de organización económica han elevado la capacidad productiva de los pueblos; la guerra militar para la conquista de las fuentes naturales de riqueza tiende a ser substituida por otra guerra económica que conquiste mercados para los excesos de producción. Por eso entre pueblos civilizados la guerra tenderá, cada día más, a ser una contradicción con la civilización misma; si aún es posible,—lo es, pues se produce,—débese a que las instituciones políticas no han evolucionado en armonía con el desenvolvimiento de la capacidad económica de la humanidad. Pero ya, al concepto de patria, como forma límite del sentimiento de solidaridad, los espíritus que escrutan el porvenir tienden a substituir el concepto de la solidaridad entre todos los países homogéneamente civilizados, ampliando el sentimiento patriótico con el de humanitarismo.

La difusión de esas ideas impone modificar el criterio médico-legal con que hasta nuestros días se ha encarado el problema de la simulación de enfermedades para eludir el servicio militar. Es justo, ciertamente, castigar esos hechos si se los considera como la transgresión de un deber social; pero no lo es menos que ese deber deja de serlo en algunos individuos, convencidos del carácter pernicioso de la guerra entre naciones civilizadas. No es sorprendente, pues, que viendo en el militarismo una causa de guerra y de despotismo, algunos hombres traten de eludir el servicio de las armas que riñe con sus más íntimos sentimientos. Hay factores altamente morales que justifican esa repulsión; el militarismo ha sido señalado como causa de injusticia y de opresión, contrario a toda justicia y derecho. Se ha dicho que es una escuela de asesinato colectivo e irresponsable; las investigaciones de A. Hamon sobre la "psicología del militar profesional" tienden a probar que en el ambiente del cuartel domina una moralidad baja y antisocial. Frente a la sociedad, que obliga legalmente al ciudadano a ser soldado, el hombre bueno y humanitario puede tener horror al cumplimiento de lo que no considera un deber, sino una coacción.

Esas razones morales inducen a pensar que la simulación de enfermedades en los conscriptos no cederá a los pobres recursos de los médicos militares, ni será eficazmente combatida por la coerción de leyes especiales. Los artificios inventados para descubrir a los simuladores son recursos explicables por la necesidad de servir a la ley; pero revelan desconocimiento de otros factores que mueven los sentimientos humanos y transforman las instituciones sociales.

No haremos inventario del arsenal de los médicos militares contra las enfermedades simuladas; ellos están expuestos a errores inhumanos y no evitan la injusticia de imponer el servicio militar, a quien lo considera inmoral. Por referencia de alguien que lo presenció, conocemos el caso siguiente: en una Sanidad Militar se aplicaron a un sordo-mudo verdadero ciento ochenta puntas de fuego, en varias sesiones, por sospecharse que fuera simulador.

Nosotros vemos la cuestión de otra manera. El militarismo, cumplida su evolución histórica, debe tender a atenuarse entre los pueblos civilizados, cuestión de años o de siglos. Esa atenuación será progresiva, restringiéndose el tiempo del servicio militar; de sus actuales formas permanentes pasará al fin a ser un agradable deporte cívico, como es ya en Suiza. De esa manera desaparecería la necesidad de simular enfermedades para eludirlo.

La verdadera profilaxia consistirá en el advenimiento de formas superiores de civilización, donde las luchas violentas sean reemplazadas por la competencia en el mercado de la producción y por nuevas normas jurídicas de las relaciones internacionales. Ésa es la única profilaxia; obra de lustros, de siglos, poco importa: los siglos son ínfimos espacios de tiempo en la evolución de la humanidad.

2.º. *Explotación de la beneficencia.*—Diversas monografías, curiosas algunas, novelescas otras, han ilustrado este grupo de simulaciones, cuyo fin es la explotación de la caridad pública y privada. Víctor Hugo le dedica párrafos hermosos en su imperecedera "Notre-Dame de París".

Es de Puisbarand la conocida frase: "los peores enemigos de los pobres son los mendigos"; podría completarse agregando que los peores enemigos de los mendigos son los falsos mendigos. Pero Puisbarand no nos dijo por qué hay hombres que viven simulando estar enfermos. Esas causas son principalmente sociales. Desde que la sociedad no asegura a todos sus miembros una educación integral, capaz de adaptarlos a las condiciones de lucha por la vida, muchos sujetos carecen de inclinación por el trabajo, único medio honesto de vivir. Por otra parte, este parasitismo social es debido a que no siempre los individuos están en condiciones de poderse dedicar a un trabajo elegido en armonía con sus tendencias; muchos que se ven obligados a aceptarlo en condiciones inhumanas, por su cantidad y por su calidad, se sienten inclinados a odiarlo. Bien ha demostrado Ferriani que las condiciones antisociales del trabajo industrial convierten al niño en vago y después en ladronzuelo, por odio al taller, que, en lugar de ser una escuela donde se enseñe a trabajar, es una cárcel donde se le explota sin consideración; las condiciones sociales determinan la delincuencia ocasional, en sus formas de fraudulencia y vagancia, combinadas en los mendigos profesionales que simulan estados patológicos.

En estos sujetos la *mise en scéne* suele ser aparatosa y refinada. En Chicago, según refirió la prensa, la policía descubrió un club de mendigos, hace algunos años, en West Adam Street. Encontróse allí una comitiva de sujetos sanísimos y alegres, que comían, bebían, jugaban, fumaban y poseían una biblioteca de filósofos clásicos para recrear sus ratos de ocio. Todos ellos, durante el día, simulaban ser cojos, ciegos, mudos, idiotas, sordos, y mendigaban por las calles de la ciudad; por la noche reuníanse en su club para gozar tranquilamente las ganancias de su "trabajo" diario. La policía encontró, en una de las habitaciones, gran cantidad de carretelas para tullidos, muletas, piernas de palo, zapatos simulando pies deformes, anteojeras y vendas para los ojos, bastones para ancianos débiles, barbas postizas, cajas de pintura destinadas a simular sobre la piel toda clase de llagas y pústulas, ocupándose en esta especialidad dos miembros del club, verdaderos artistas del pincel. Había numerosos carteles con inscripciones apropiadas: "soy ciego de nacimiento", "soy sordo-mudo por un susto", "inválido de la guerra civil", "ha adquirido su lepra prestando servicios a otros enfermos", etc. Arrestados, se comprobó su excelente estado de salud y sus aptitudes para el trabajo; desde largo tiempo habíanse asociado para explotar la caridad de los filántropos, en perjuicio de los verdaderos pobres.

Casos como el anterior—que por su magnitud alcanzó cierta celebridad—ocurren en todas las grandes ciudades. En Buenos Aires la mendicidad fraudulenta aún no ha alcanzado vastas proporciones. Conocimos, sin embargo, un ladrón profesional que nos refirió haber sido ciego de profesión durante cinco años;

ejerció "honradamente" su trabajo con discretas ganancias, hasta que la policía descubrió su fraude y le arrestó. En la prisión conoció a varios ladrones profesionales; al ser puesto en libertad no pudo volver a su antiguo oficio de ciego, y se dedicó al robo profesional con sus nuevos amigos.

En las puertas de las iglesias no es raro ver sujetos tullidos que, terminada su tarea, se retiran tranquilamente a sus casas, muy mejorados de su enfermedad. Un enfermo de la Sala de nerviosos del hospital San Roque ejercía la mendicidad fraudulenta; era un antiguo hemiplégico, cuya pierna funcionaba casi normalmente, presentando impotencia del brazo; este sujeto solía pedir permiso para salir uno o dos días por semana, regresando al hospital provisto de dinero para tabaco y otras pequeñeces. Supimos que en esas salidas mendigaba, exagerando su hemiplegia y simulando la afasia observada en otros enfermos de la sala.

Estos fraudes han motivado la organización de la caridad social, en sentido de proporcionar trabajo apropiado a todos los mendigos en institutos *ad hoc*, encargándose la policía de perseguir a todos los pícaros que no tienen cabida en ellos; son buenos modelos los institutos existentes en Londres y en Bruselas.

En suma, sea como fuere, la terapéutica de las simulaciones usadas para explotar la filantropía debe convertirse en profilaxia; si el mal tiene hondas raíces sociales, es necesario llevar a cabo una serie de reformas que hagan del trabajo un agradable deber para todos, y no como es hoy un yugo penoso para algunos. Impónese infundir a cada individuo la noción de los deberes impuestos por la solidaridad social, que a todos beneficia. Y, por fin, deben desaparecer esas formas agudas de la miseria que deprimen el espíritu, degradándolo hasta formas inferiores de lucha por la vida que simulan lo más desagradable en la vida humana: la enfermedad.

Ésa será la profilaxia eficaz contra tales simulaciones; será obra de mucho tiempo, pues aún son pocos los países civilizados que pueden pensar en tales reformas. En algunos está ya suprimida la mendicidad y todo inválido tiene derecho a ser asistido por el Estado.

Recorridos esos dos grandes grupos de causas de la simulación de estados patológicos, no insistiremos sobre las demás, menos frecuentes y sumamente variables. Tendrían su sitio en un tratado especial que no sabríamos escribir. Réstanos citar las conclusiones de nuestros estudios sobre el grupo más importante.

3.º. *Simulación de la locura.*—Es necesario considerarla desde tres puntos de vista diversos.

a)—*en general.* Las condiciones en que se desenvuelve la lucha por la vida en el ambiente social civilizado pueden hacer individualmente provechosa la simulación de la locura, como forma de mejor adaptación a las condiciones de lucha; ya sea directamente, favoreciendo al simulador, ya indirectamente, disminuyendo las resistencias que el ambiente opone al desarrollo y expansión de su personalidad.

b)—*por alienados verdaderos.* La persistencia de la razón en los alienados y la inconsciencia de su verdadero estado mental mórbido, les permite comprender las ventajas que reporta la simulación de la locura en diversas circunstancias de la lucha por la vida, determinando el fenómeno de la "sobresimulación", o simulación de la locura por alienados verdaderos. En cambio, toda vez que el alienado es consciente de su locura o comprende las desventajas que ésta le produce en la lucha por la vida, "disimula" su alienación, equivaliendo este fenómeno a una simulación de la salud, subordinada al mismo criterio utilitario.

c)—por los delincuentes. La simulación de la locura por los delincuentes está subordinada a circunstancias propias de la legislación penal contemporánea.—Los delincuentes, además de luchar por la vida como los demás hombres, luchan contra el ambiente jurídico-penal de la sociedad en que viven.—Ese ambiente jurídico, concretado en leyes penales, condena al delincuente castigándole por la ejecución del acto cuya *responsabilidad* le imputa; en cambio, no condena al delincuente alienado, considerándole *irresponsable* de su delito.—El delincuente, en su lucha por la vida contra el ambiente jurídico, simula ser alienado para eludir la responsabilidad del acto delictuoso y ser eximido de pena.

La falta de criterio uniforme en el estudio de la simulación de la locura, explica las opiniones divergentes de los autores acerca de su frecuencia y de su interpretación clínica. Las estadísticas publicadas no pueden compararse entre sí; carecen de valor científico por estar levantadas en condiciones heterogéneas y por haberse apreciado de diversos modos las relaciones entre las verdaderas anomalías psicológicas de los delincuentes simuladores y la locura simulada.— Subordinándose la simulación de la locura por los delincuentes a circunstancias propias de la legislación penal contemporánea, el verdadero criterio para su interpretación debe ser "clínico-jurídico". La locura en el concepto de la ley penal, está representada por formas clínicas definidas que confieren la irresponsabilidad; las anomalías psíquicas de los simuladores no corresponden al concepto clínico y jurídico de la locura como causa eximente de pena. El delincuente simulador no simula porque tiene anomalías psíquicas verdaderas, sino a pesar de tenerlas, contra lo afirmado hasta ahora por los autores que se ocuparon de esta materia.—Los delincuentes simuladores presentan las anomalías propias de las diversas categorías de delincuentes; pero como ellas no confieren irresponsabilidad, simulan formas "clínico-jurídicas" de locura, siendo éstas las únicas que eximen legalmente de la responsabilidad.

En las diversas categorías de delincuentes las anormalidades psicológicas se presentan con desigual intensidad y con modalidades diversas. Contra las ideas predominantes en la actualidad, debe considerarse que la posibilidad de simular la locura para eludir la represión penal es en absoluto independiente de esas anormalidades psicológicas; los delincuentes más anormales son los menos aptos para usar de este medio defensivo en su lucha por la vida. La posibilidad de la simulación está en razón inversa del grado de degeneración psíquica del delincuente.

Los delincuentes que intentan eludir la represión penal simulan formas "clínico-jurídicas" de alienación y no simples anormalidades atípicas, pues sólo las primeras confieren la irresponsabilidad penal.—Las formas simuladas pueden referirse a cinco grupos de síndromes: maníacos, depresivos, delirantes o paranoicos, episodios psicopáticos y estados confuso-demenciales. Por orden de frecuencia, encuéntranse los fenómenos delirantes o paranoicos, los síndromes maníacos, los síndromes depresivos, los estados confuso-demenciales y los episodios psicopáticos.—Suele, excepcionalmente, observarse la simulación de la locura en ex alienados, como también el enloquecimiento de los simuladores.—Las locuras simuladas carecen, generalmente, de unidad nosológica.

El estudio de las locuras simuladas con relación a

la herencia, antecedentes patológicos individuales, raza, edad, instrucción, sexo, educación, estado civil, profesión, ambiente social y carácter individual de los simuladores, revela algunas particularidades especiales, aunque no de significación clínica muy característica.—Sobre las modalidades clínicas de las locuras simuladas influyen la tendencia al menor esfuerzo, el carácter, la vulgarización de las formas simuladas, la imitación, la sugestión y otros factores de menor importancia.—Los delincuentes simuladores pertenecen, en su gran mayoría, a las categorías en que predominan los factores externos o sociales en la determinación del delito; los delincuentes natos dan una reducida minoría de simuladores y no tienen tendencias espontáneas a la simulación.

Actualmente llámase "alienados delincuentes" a individuos psicológicamente heterogéneos, unificándolos jurídicamente por su irresponsabilidad penal; los verdaderos "alienados delincuentes" son aquéllos cuyo delito es una resultante de su locura.—La mayoría de los alienados comunes ha cometido actos delictuosos; en los estudios sobre "alienados delincuentes" sólo figuran los *procesados*, sean más o menos delincuentes que los alienados comunes no procesados.—El delito de los locos suele presentar caracteres especiales, que permiten una relativa presunción diagnóstica sobre el estado mental del agente; pero ningún signo diferencial posee valor absoluto que permita afirmar la simulación.—El delito de algunos alienados tiene caracteres bien definidos según la forma clínica de locura; en los simuladores esa relación es muy excepcional.—Por el simple estudio de los caracteres del acto delictuoso es posible descubrir la simulación de la locura en algunos delincuentes; pero esa posibilidad no implica una certidumbre, ni es generalizable a todos los casos observables en la práctica de la medicina forense.

Los numerosos elementos que ofrece la clínica psiquiátrica para establecer el diagnóstico diferencial entre los delincuentes simuladores y los alienados delincuentes, agréganse a los datos obtenidos estudiando el delito en sus relaciones con la locura o la simulación y constituyen un conjunto de factores útiles para llegar al diagnóstico; pero su valor es siempre relativo, no absoluto. Por eso el perito puede verse precisado a recurrir a medios especiales, dirigidos directamente a desenmascarar la simulación.

Los recursos especiales de índole astuta empleados para descubrir a los simuladores son variables en cada caso y pueden ser útiles. Los medios coercitivos y tóxicos no deben emplearse jamás. La pletismografía no es aplicable al diagnóstico diferencial entre la locura y la simulación. Cada día es más difícil el éxito de los simuladores; pero no puede afirmarse su imposibilidad, dada la relatividad de nuestros elementos de investigación y la falta de un solo carácter "patognomónico".

Las dificultades médico-legales que presentan los casos de simulación de la locura por los delincuentes, son determinadas por las deficiencias de concepto y de procedimiento inherentes a los sistemas penales contemporáneos. En la práctica de la psicopatología forense son indispensables tres reformas: 1.ª. A todo delincuente supuesto alienado debe observársele en una clínica psiquiátrica debidamente organizada; 2.ª. Deben ser peritos los médicos de la clínica; 3.ª. El plazo para la observación será indeterminado.—La presente posición jurídica de los simuladores es la de los delincuentes comunes, no atenuada ni agravada por la simulación.

Demostrado que la simulación de la locura por los delincuentes nace del criterio jurídico que aplica la pena según la responsabilidad e irresponsabilidad del sujeto, su profilaxia debe consistir en una reforma jurídica que la convierta en nociva para el simulador. Reemplazado el criterio de la irresponsabilidad del delincuente por la aplicación de la defensa social proporcionalmente a su temibilidad, la simulación de la locura tórnase perjudicial para los simuladores, desapareciendo de la psicopatología forense.

Las leyes de la simulación en el mundo biológico (mimetismo) se comprueban también en la simulación de la locura por los delincuentes.—Existe un estrecho paralelismo entre las transformaciones del ambiente jurídico y la evolución de la simulación de la locura.—Fué desventajosa cuando la posición de los alienados ante la ley penal era más grave que la de los delincuentes; pasó a ser ventajosa cuando se reconoció la irresponsabilidad penal de los alienados delincuentes; será nuevamente desventajosa cuando se reconozca su mayor temibilidad y sobre ésta se funde la represión penal.

V.—ENFERMEDADES QUE PUEDEN SIMULARSE

El número de enfermedades que pueden simularse aumenta proporcionalmente a la difusión de los conocimientos médicos, entre los profanos; sus probabilidades de éxito disminuyen en razón directa de los adelantos científicos del diagnóstico médico. Cuando los médicos sabían menos, la simulación era fácil; actualmente es cada día más difícil.

Recorriendo numerosos tratados de medicina militar y obras especiales sobre enfermedades simuladas, encontramos en número enorme las que se ha intentado simular. Para dar una idea de ello no bastaría su simple enumeración, y sería imposible tratar de cada una en particular*.

Como puede suponerse, muchas de esas simulaciones son muy hábiles y podrían despistar a más de un médico inexperto. No se trata simplemente de síntomas subjetivos, artificialmente provocados, cuyo origen escapa a la perspicacia del perito. Algunos simuladores se provocan una aceleración del pulso, acompañada de ligera excitación y elevación de la temperatura cutánea, mediante la permanencia en el recto de supositorios irritantes, o bien de ajo y tabaco, provocando su contacto una hiperemia rectal intensa

* Se simulan defectos físicos, estados patológicos generales y enfermedades constitucionales; inaptitud física, debilidad general, miseria orgánica, anemia. Síntomas aislados: fiebre, hiperemia, dolores vagos o localizados, cefalalgia, neuralgias, escrófula, escorbuto. Enfermedades nerviosas: epilepsia, histerismo, sonambulismo, catalepsia, córea, temblores convulsivos, rabia, tétanos, parálisis. *Enfermedades mentales.* Enfermedades de la vista: de la agudeza, del campo visual, de acomodación, de percepción, midriasis hipermetropía, miopía, ambliopía, amaurosis, hemeralopia. Enfermedades del aparato auditivo: sordera, supuraciones. Aparato digestivo y anexos: saburra gástrica, disfagia, gastralgia, enteralgia, vómitos, hematemesis, enterorragia, hemorroides, cólicos, diarrea, hernia. Aparato respiratorio y anexos: pólipos, ozena, epistaxis, tos, hemoptisis, tuberculosis, asma, tartamudez, mutismo, afonía, sordomutismo. Circulatorias, torácicas, y raquídeas: desviaciones del raquis, palpitaciones, síncope. Génito-urinarias: uretritis, estrecheces, chancro, varicocele, hidrocele, espermatorrea, incontinencia, cálculos, cólicos nefríticos, hematuria, albuminuria, glicosuria. Piel: tiñas diversas, erisipela, erupciones vesiculosas y pustulosas, sarna, pénfigo, erupciones papulosas, manchas y coloraciones anormales; cianosis, úlceras, escrófulas, flemones, bocio. Aparato locomotor: claudicación, contracturas, deformidades y desviaciones de los miembros. Se simulan heridas y traumatismos de toda clase, siendo muy grande su importancia en medicina legal. No son raras las mutilaciones voluntarias, que se simulan producidas accidentalmente.

acompañada de los fenómenos indicados. Más conocido es el recurso empleado para simular la fiebre; el simulador frota la cubeta del termómetro en un pliegue de la camisa y le imprime un movimiento de rotación sobre su propio eje; el inconveniente del sistema consiste en que el sujeto no puede graduar su fraude y de pronto tiene 45 grados que contrastan con su excelente estado general. Nunca olvidaremos un caso de "fiebre histérica" observada por dos colegas distinguidos, que demostramos ser una burda simulación.

Un médico francés, Benoit, refiere los medios empleados por los presidiarios franceses de Nueva Caledonia para simular las manifestaciones del escorbuto. Se frotan los miembros inferiores con corteza de caoba; ésta contiene una savia ligeramente cáustica que toma un ligero tinte vinoso al ser expuesta al aire. Se producen los edemas mediante ligaduras aplicadas en los miembros y sobre las partes así edematizadas provocan la aparición de manchas equimóticas, golpeándose con una muñeca de lienzo llena de sal o arena mojada; frótanse fuertemente las encías con la misma corteza y las hacen sangrar pinchándolas con una aguja. (Slocker).

La midriasis suele ser frecuentemente simulada mediante instilaciones de atropina; la simulación de la miosis, por la eserina y otros constrictores pupilares, es muy rara. Las conjuntivitis suelen ser provocadas o mantenidas mediante la irritación artificial de la conjuntiva; algunas veces se emplean substancias que obran física o químicamente.

Es conocidísimo el caso de un simulador cuya conjuntivitis no cedía a ningún tratamiento; habiéndole aislado y maniatado para evitar su fraude, descubrióse que mantenía su afección aplicando el ojo durante horas junto al agujero de la cerradura, donde la corriente de aire frío se encargaba de satisfacer su propósito. Mencionan todos los autores la provocación de conjuntivitis mediante el contagio voluntario del pus blenorrágico. Marshall observó una verdadera epidemia de estos casos en soldados ingleses que deseaban obtener su licencia. Se refieren casos de cataratas provocadas mediante la introducción de agujas muy finas hasta el cristalino; Gavin observó nueve casos en un mismo cuerpo de lanceros. Las otorreas suelen simularse introduciendo miel, queso blando, jugos animales o vegetales, sangre, etc., en el conducto auditivo externo; otras veces son provocadas introduciendo cuerpos extraños.

Las hemoptisis y las hematemesis suelen ser simuladas, especialmente por neurópatas que desean preocupar a sus médicos. Conocimos una enferma que se mordía la mucosa interior de los labios y mejillas, acumulaba sangre en la boca, y luego, mezclada con mucosidades, la esputaba, simulando violentos accesos de tos; bastó indicarle que su fraude era conocido para suprimir los esputos de sangre. La hematemesis simúlase por análogos procedimientos, tragando la sangre y vomitándola en seguida. Muchos enfermos consiguen fácilmente hacer sangrar sus encías o muelas cariadas, pretendiendo que la sangre viene de la garganta.

Las simulaciones de la ictericia son conocidas de antigua fecha. Las más burdas consisten en mojar el cuerpo con soluciones colorantes. Fumando tabaco macerado en aceite de coco al que se añade el fósforo de una cerilla se obtienen perturbaciones generales, color ictérico de la piel y de las conjuntivas; este ardid, recordado por Benoit, es un verdadero envenenamiento por el fósforo. Más ingenioso es el que describe Slocker; consiste en colocar en la axila una compresa de algodón empapada en vinagre y espolvoreada con azafrán, previamente sumergido en aquel líquido durante algunas horas; hecha la aplicación, el individuo se acuesta, provoca una abundante transpiración, apareciendo pronto un color amarillento en todo el cuerpo, inclusive en las conjuntivas. Un médico nos refiere haber observado, durante mucho tiempo, un sujeto que se quejaba de tener las manos amarillentas; para curar de su inexplicable enfermedad visitó sucesivamente a numerosos médicos, siguiendo sus prescripciones con puntualidad. Súpose después que se teñía las manos con solución muy diluida de ácido pícrico, ignorándose el motivo que pudiera inducirle a persistir en tan original simulación.

La introducción de riñones u otros órganos de animales pequeños en la nariz, ha servido para simular pólipos nasales; el ozena simúlase introduciendo algodones embebidos en substancias fétidas o fragmentos de substancias orgánicas en putrefacción.

Los autores de dermatología recuerdan que la tiña favosa suele ser simulada quemando con ácido nítrico una zona de cuero cabelludo. Un profesor nos dijo conocer a un joven que por ese procedimiento eludió un compromiso de matrimonio.

Podríamos continuar indefinidamente, si quisiéramos detallar todas las formas de fraude empleadas por el hombre para obtener las facilidades concedidas al enfermo en los pueblos civilizados. Es indudable que las enfermedades simuladas se desconocían y se desconocen en aquellos pueblos donde, con fines selectivos, se mata a los enfermos; allí sólo se concibe con fines de suicidio.

Como complemento de esta reseña de la simulación de estados patológicos, sólo puede agregarse que el hombre, en la lucha por la vida, puede verse obligado a simular la muerte, negación de la vida misma. Esa simulación puede ser física; otras veces la muerte es simulada, desde el punto de vista legal solamente, gracias a la ocultación o desaparición del supuesto muerto; estos casos no son raros en derecho civil y su importancia es grande. En la literatura este recurso suele ser empleado con frecuencia para crear posiciones inesperadas e interesantes; "La muerte civil" ha dado tema a un drama harto conocido.

V.—SIMULACIÓN DE LA SALUD

Complemento indispensable del estudio de las enfermedades simuladas es el de la *simulación de la salud*, por sujetos verdaderamente enfermos, o sea la disimulación de la enfermedad. Su objetivo se comprende fácilmente: cuando el estar enfermo determina una situación de inferioridad en la lucha por la vida, el sujeto recurre a la simulación de la salud.

En la vida ordinaria es frecuentísima. Las reglas de la más simple urbanidad la imponen en el trato de gentes; pocas personas habrá que nunca hayan disimulado una dolencia de poca monta, para recibir con la sonrisa en los labios a un amigo o amiga estimada. Se asiste a tertulias disimulando una cefalalgia, a un banquete disimulando una dispepsia o una colitis, a una cita amorosa disimulando una cistitis o una uretralgia. Muchos lectores habrán disimulado en su juventud alguna enfermedad que reputaban vergonzosa, hasta que la intensidad de los síntomas los obligó a denunciarse al médico y a su propia familia.

Hemos visto un caso de impotencia psíquica que involucraba una doble simulación. Un joven contrajo matrimonio con una señorita casi interesante; sufrió durante varias semanas de impotencia psíquica, siéndole imposible cumplir sus deberes de marido. En los primeros días la esposa simuló, ante la familia, dolores y molestias que atribuía a las contingencias de su nuevo estado; el esposo, por su parte, disimuló su flaqueza haciendo picarescas alusiones a sus transportes conyugales. Pero al cabo de cierto tiempo consideraron improrrogables ciertos deberes, consultando a un médico. El pobre esposo trató de simular una neurastenia, atribuyéndole su impotencia; fácilmente se le hizo desistir de su irrisoria simulación, demostrándole tratarse de una simple inhibición psíquica, curada tras breve tratamiento, con visible regocijo de los cónyuges.

En la lucha entre los sexos, son frecuentes las disimulaciones de enfermedades. Hombres y mujeres, en vísperas del matrimonio, suelen disimular cuidadosamente sus enfermedades, temerosos de perder un buen partido. Muchas veces el médico se ve precisado a ser cómplice de esas disimulaciones, pues consultado sobre el estado de salud de los novios el secreto profesional le obliga a no revelar los males de que los asiste. Una joven, durante las primeras visitas de su prometido, padecía de terribles cefalalgias; durante horas la joven sufría en silencio sus dolores, simulando una jovialidad que, de rato en rato, desaparecía para dar lugar a muecas irreprimibles y a alguna lágrima. Más tarde, cuando la confianza sobrepúsose a la tiranía de la etiqueta, confesó sus simulaciones, agregando que obedecían al temor de ser abandonada si la hubiesen sospechado portadora de males mayores que los verdaderos.

Todo médico ha visto enfermos disimulando sus dolencias para abandonar la cama o conseguir la supresión de una dieta desagradable. Otros se dicen convalecientes para volver a tareas habituales que la enfermedad les obliga a descuidar. Entre los enfermos cuya asistencia impone el aislamiento o la reclusión, suelen observarse disimulaciones para apresurar la vuelta al seno de la familia y de la sociedad.

Disimulan sus enfermedades cuantos están obligados a probar que gozan de perfecta salud para ser admitidos en un establecimiento o corporación, o para aspirar a ciertos empleos; nunca faltarán médicos complacientes que se hagan cómplices activos de estas disimulaciones, expidiendo certificados falsos. Entre esas simulaciones de la salud existe un grupo especial que recientemente ha alcanzado extraordinaria importancia en medicina forense.

El desarrollo de las instituciones de seguros sobre la vida ha producido formas especiales de simulación para explotarlas fraudulentamente. Sujetos poco escrupulosos aseguran en su favor la vida de parientes enfermos; rara manifestación de la lucha por la existencia, cuyo estudio agregaría un capítulo interesante a la psicopatología de los parásitos sociales.

El número de estas disimulaciones para explotar el seguro es alarmante; han sido objeto de estudio especial en el "Primer Congreso de los médicos de las Sociedades de seguros", celebrado en Bruselas en Septiembre de 1899. Fundándose en estadísticas precisas, Weir Manton demostró el aumento de las disimulaciones por estos dos hechos: 1.º. La mortalidad de los asegurados durante los dos o tres primeros años siguientes a la celebración del contrato es mucho mayor que en los seis o siete años posteriores; 2.º. La mortalidad en las diversas formas de seguro es inversamente proporcional al monto de las primas; los seguros con primas menores son, proporcionalmente, más nefastos que los seguros con primas que aumentan con el transcurso del tiempo.

Desde el punto de vista médico legal, en esos casos sólo hay verdadera simulación de la salud cuando el sujeto conoce su enfermedad; si la ignora no hay disimulación de enfermedad, sino simple desconocimiento, y su fraude involuntario no podría legalmente considerarse como delito. En tales casos suele tratarse de una víctima de la avaricia de sus parientes o amigos, informados por el médico de un pronóstico desconocido por el enfermo.

VII.—CONCLUSIONES

Las simulaciones de estados patológicos se encuadran en el principio común a los demás fenómenos de simulación, siendo, como todos ellos, simples medios adaptativos a las condiciones de la lucha por la vida. Sus móviles más comunes son tres: la explotación de la beneficencia, eludir el servicio militar y la simulación de la locura para obtener la irresponsabilidad penal. Son casos particulares de la ley general que comprende a todos los fenómenos de simulación.

6

EVOLUCIÓN DE LA SIMULACIÓN EN LAS SOCIEDADES HUMANAS

I. Criterio sociológico para abordar su estudio.—II. Evolución de la lucha por la vida entre los hombres.— III. Evolución de los medios violentos y fraudulentos en la lucha por la vida.—IV. Disminución regresiva de la simulación en las sociedades humanas.

I.—CRITERIO PARA ABORDAR SU ESTUDIO

Partimos de esta base, ya cuidadosamente cimentada: la simulación es un medio fraudulento de lucha por la vida. En este capítulo determinaremos su evolución, estudiándola entre los medios fraudulentos en general, como forma de lucha opuesta a los medios violentos. Para ello comenzaremos examinando brevemente la evolución de la lucha por la vida entre los hombres; y ésto nos impone fijar previamente el criterio sociológico con que entraremos a ese examen.

La sociología es una de las disciplinas científicas más tardíamente desarrolladas; correspondiéndole estudiar fenómenos muy complicados, su constitución ha sido posterior a otras que se ocupan de problemas menos complejos. No se ha llegado todavía a fijar definitivamente el pensamiento de los estudiosos acerca de sus criterios fundamentales. Como observara, con su habitual clarividencia, A. Loria, (en la *"Rivista di Sociología"*), esta ciencia necesita cierta unidad de criterio que sirva de espina dorsal a las investigaciones que se realicen; sólo así evitará el error cometido por las ciencias que estudiaron determinados grupos de fenómenos sociales: partiendo de puntos de vista previos, han producido conclusiones unilaterales. Por esto mismo, Kidd considera llegada la hora de que las ciencias sociales busquen el "substratum" común de todas, sobre el cual deben desenvolverse sinérgicamente.

Las doctrinas de Juan Jacobo han caído definitivamente; el "Contrato social" está amortajado. De nada sirven las amalgamas de Fouillée, pretendiendo armonizar el contractualismo de Rousseau con el organicismo de Spencer. Éste, por su parte, ha trazado el camino a la escuela biosociológica, mediante su seductora síntesis, encaminada a establecer la concordancia entre la constitución y las leyes de los agregados sociales y las de los agregados orgánicos en general. Se le ha objetado, fundadamente, que si fuera exacta la concepción de la sociedad como organismo, la sociología no tendría motivos para existir como ciencia autónoma; los fenómenos sociales, aun los más complejos, deberían explicarse mediante simples aplicaciones de las leyes biológicas fundamentales.

Sin duda, la teoría orgánica es cómoda y seductora; pero la observación del conjunto de los fenómenos sociales la revela insuficiente, pues se observan en ellos caracteres propios que los diferencian con claridad de los biológicos. Es innegable que el factor biológico entra, en vasta proporción, en todo fenómeno social; pero también lo es que éste posee caracteres específicos, no encontrados en el mundo biológico. En la vida social existe un nuevo elemento, propio y exclusivo de la especie humana; un hecho fundamental diferencia al hombre de las demás especies animales: mientras éstas, en general, viven subordinadas a los medios de existencia que les ofrece, espontáneamente, la naturaleza, el hombre puede producir, artificialmente, sus medios de vida. La evolución y prosperidad de los grupos sociales depende, en mucha parte, del grado de desenvolvimiento de su capacidad productiva.

Ése es el fenómeno verdaderamente humano, verdaderamente social; ese factor, integrándose progresivamente, determina diferencias entre los fenómenos biológicos y los sociales. El análisis genético y evolutivo de la vida social, revela que las condiciones económicas de los agregados humanos, representadas por su capacidad de producción, constituyen el *substratum*, buscado en vano por Kidd, sobre el cual se desenvuelven los fenómenos que estudia la sociología. Este concepto, entrevisto por varios historiadores y sociólogos, fué concretamente formulado por Marx, que ensayó algunas aplicaciones históricas; recientemente, numerosos escritores han seguido análogos rumbos, el economista liberal De Molinari entre otros. En Italia, por obra de Loria, esta concepción ha adquirido unidad y método, fijándose en vigorosos estudios sobre "las bases económicas de la constitución social". Sintéticamente podría enunciarse así: Las instituciones que constituyen la superestructura social se arraigan, florecen y evolucionan sobre las instituciones económicas, cuya evolución es la causa principal (no siempre directa ni exclusiva) de las transformaciones sociales.

Espíritus estrechos pretenden que esta concepción tiende a identificar la sociología con la economía política. Pero se ha observado, con razón, que esta última es una ciencia particular, y analiza los fenómenos e instituciones económicas en sí mismas, estática y dinámicamente; la sociología sobre base económica es, en cambio, una ciencia general que observa los fenómenos e instituciones económicas en sus relaciones con el conjunto de la vida social, abarcando otros fenómenos e instituciones que son, por su parte, objeto de estudio para ciencias particulares. Entre ambas existe la relación de la parte al todo, relación que también existe con cada una de las otras ciencias sociales. En la determinación de la resultante final la economía política entra en proporción importante; pero ello no implica confusión, como no la hay entre la osteología y la anatomía cuando se afirma que el esqueleto es el sostén fundamental del organismo.

Vemos, pues, frente a la teoría biosociológica, al organicismo spenceriano, extremado por los antroposociólogos y los partidarios del "darwinismo social", esta nueva concepción, más científica: la económico-sociológica. Llamada, impropiamente, por algunos, "materialismo histórico" o "materialismo económico", "economismo histórico", "teoría económica de la historia", etc., esta doctrina es compartida actualmente por un núcleo selectísimo de sociólogos. Lo más importante es que ella es aceptada de hecho por casi todos los que se proponen contradecirla.

Aunque este es nuestro criterio, las conclusiones a que llegaremos pueden aceptarse por cuantos observan bajo distinto prisma la vida social, pues no se oponen a las demás teorías sociológicas.

II.—EVOLUCIÓN DE LA LUCHA POR LA VIDA ENTRE LOS HOMBRES

El principio de la lucha por la vida, y la consiguiente selección de los mejor adaptados, domina soberano en la evolución del mundo biológico; las justas atenuaciones que está sufriendo ese concepto por los estudios de la escuela neo-lamarckista, no conmueven, en lo fundamental, el sólido esqueleto de la doctrina de Darwin.

Pero en la evolución del mundo social, las condiciones de la lucha por la vida son modificadas por el incremento de un factor propio de la especie humana; la capacidad de producir medios de subsistencia determina la formación de un ambiente artificial (económico) dentro del ambiente natural (cósmico) y modifica sensiblemente las condiciones de lucha por la vida entre los hombres.

Esta idea, clara y definida, es, sin embargo, combatida por exagerados discípulos de Darwin; la culpa no es del genial naturalista de Schrewbury, sino de los que complican en esto su nombre. Pocas doctrinas han logrado imponerse tan rápidamente como las darwinistas; pero pocas han sido objeto de más torcidas interpretaciones por parte de sus enemigos, y aun de algunos de sus partidarios.

Las aplicaciones que de ellas pretende hacer la escuela sociológica llamada "darwinismo social", son exageradas; se olvida que el fenómeno biológico entra en la determinación del fenómeno social, pero no lo constituye por completo, pues éste es más complejo. Sus partidarios constituyen la extrema izquierda del organicismo. Algunos sociólogos—Novicow, Lilienfeld y otros—han llegado a convencerse de la identidad absoluta entre los agregados orgánicos y los agregados sociales, entre organismo y sociedad; han excedido a Spencer, no concediendo siquiera que las sociedades sean superorganismos.

Consecuentes con sus premisas, los sociólogos representantes de esa tendencia sostienen que la lucha por la vida es la ley superior de la evolución en los agregados sociales, en la misma forma que en la evolución de los agregados orgánicos. El progreso de la especie vendría a ser un resultado del conflicto permanente en que viven los individuos entre sí, los individuos y los agregados sociales, los agregados entre sí.

Ese criterio, tomado en su expresión absoluta, no es verdadero, no corresponde a la realidad, tal como la observamos. Estudiando la evolución de los grupos sociales, se ve que frente al principio de antagonismo, encarnado aisladamente en la conocida máxima de Hobbes, aparece y se desarrolla progresivamente otro principio compensador, el principio de la solidaridad social, fundado en la utilidad de la asociación para la lucha por la vida.

En ninguna mente que ha llegado a comprender el hecho natural de la evolución de las especies, cabe la idea de suponer que la asociación y la solidaridad aparecen inesperadamente en la evolución de la especie humana, como si un *fiat* misterioso interviniera para modificar su curso; ellas tienen sus manifestaciones rudimentarias en el reino vegetal, se definen claramente en las especies animales llegadas a cierta etapa evolutiva, y, por fin, asumen importancia mayor en la evolución humana, influyendo sobre las condiciones de desenvolvimiento de la lucha por la vida, su principio antagonista.

Sin desconocer, pues, que la lucha por la vida preside la evolución biológica, sabemos que ella se atenúa y modifica toda vez que las especies animales adquieren la aptitud para vivir en sociedad; este fenómeno, representado en la esfera psicológica por el desarrollo del sentimiento de solidaridad social, determina una superioridad de la especie en que se produce. Houssay ha demostrado el hecho en la *Revue Philosophique*; aun negando que Ésa sea la causa determinante de la prosperidad de una especie, es fuerza reconocer que ambos hechos son paralelos y están íntimamente ligados. Una especie animal puede considerarse tanto más "civilizada" cuanto más complejas son las industrias que practica; esa intensificación de la actividad de la especie es la prerrogativa de los animales capaces de asociarse constituyendo una "sociedad", que Espinas define: la cooperación permanente que se prestan, para una misma acción, individuos separados. En la imposibilidad de extendernos sobre este punto, bástenos recordar, otra vez, los excelentes estudios de De Lanessan; ellos demuestran el desarrollo creciente, en la vida biológica, del principio de la asociación, fundado en la cooperación y la solidaridad, frente al principio de la lucha, fundado en el antagonismo. El hecho es claro para quien observe el conjunto general de los fenómenos, sin descender a sutilezas que aparentemente pueden contrariar, sin anularlas nunca, el valor de las leyes generales.

Si eso ocurre en otras especies, en la humana la asociación para lucha, con su correspondiente solidaridad social, alcanza un desarrollo aun más importante, modificando las manifestaciones de la lucha por la vida. Este principio, predominante en la evolución de muchas otras especies, atenúase gradualmente en la evolución de las sociedades humanas. Los datos de la biología pierden parte de su valor cuando son aplicados a los fenómenos sociales; y aun cuando se acep-

tara considerar a la sociedad como un organismo—
por comodidad más bien que por rigurosa analogía—
deberían evitarse algunos errores difundidos por los
partidarios del "darwinismo social".

"Los discípulos del gran naturalista inglés,—dice
Colajanni,—falseando o exagerando sus enseñanzas,
no vacilaron en transportar la ley de lucha por la vida
del terreno biológico al de la sociología; pero conviene
agregar que la adulteración de los principios del
maestro no se debe a los naturalistas, sino más bien a
historiadores, economistas, filósofos y moralistas, que,
si no deben calificarse de incompetentes, pueden, por
lo menos, considerarse sospechosos. De esas extrava-
gancias ultradarwinistas dan ejemplo los epígonos,
que llegan hasta afirmar, con Hellwald, que todas las
representaciones psicológicas del mundo y de la vida
son igualmente exactas y justas, teniendo razón todo
el mundo, pues todos luchan por la vida. Semejantes
exageraciones, mezcladas por algunos con sofismas
de Hegel, sobre la glorificación de la guerra y de la
fuerza brutal, dan al moderno "darwinismo social" un
carácter de sectarismo científico, que le ha valido críticas muy severas, especialmente de Tarde.

Se impone señalar frente al principio de la lucha
por la vida, el desarrollo de ese otro que aparece ya en
las especies animales más prósperas. Rudimentario en
las primeras etapas de la asociación humana, por la
escasez de los medios de subsistencia naturales y el
insuficiente desarrollo de la producción artificial,
tiende a adquirir cada vez mayor importancia y se
acrecienta en las formas superiores de civilización.

Las doctrinas organicistas de Spencer y Schaffle no
contradicen, en rigor, las nociones expuestas; si hay
aparente contradicción entre ellas, basta un examen
despreocupado para llegar a establecer su concor-

dancia *real*. El error está en los discípulos, según esa ley fatal que lleva siempre a los secuaces más lejos de donde quieren los maestros; así encontramos a Lilienfeld, Worms*, Ammond, Novicow y otros, empeñados en exageraciones insostenibles, que han dado más vigor a la tendencia contraria, representada por espíritus como Loria, Tarde, Krauz, Stein, Asturaro, Krusinsky, Colajanni, Ardigó, Vanni, Ferri, De Greef, Groppali y muchos más.

Por otra parte, no es nueva la doctrina que niega a la lucha por la vida el primado en la evolución de las sociedades humanas. El mismo Russell Wallace—el más darwinista de los darwinistas,—al estudiar la selección natural, reconocía que "al pasar el dintel de la humanidad, la ley de lucha por la existencia debe ceder el cetro a alguna otra ley superior"; esta opinión es recordada a menudo por los adversarios del darwinismo social. Si la solidaridad en la asociación para la lucha es el primer requisito de la prosperidad de una especie, es natural que la encontremos sumamente desarrollada en la especie más próspera, más evolucionada de toda la escala zoológica: el hombre. Todo lo que se sabe de prehistoria y etnografía autoriza a pensar que el hombre jamás vivió aislado de sus semejantes, o luchando permanentemente contra ellos; Robinson Crusoé es un símbolo novelesco del individualismo *à outrance*, pero no representa una forma posible de existencia humana. La autonomía absoluta, solamente posible en las condiciones de vida del personaje creado por Daniel de Föe, sobre ser un absurdo, sería la más insufrible de las desdichas para el

---

* En su excelente *Philosophie des sciences sociales*, demuestra Worms haber reaccionado contra sus primitivos excesos organicistas.—(Nota de la 3.ª edición).

hombre sano. En la soledad de su prisión, Silvio Pellico pudo establecer buena amistad con las arañas, pero le alentaba la esperanza de volver algún día a la sociedad de sus semejantes.

Sea como fuere, el estado normal del hombre es la vida en sociedad.

La organización de los primeros agregados sociales ha sido una espontánea adaptación colectiva a las condiciones del medio. Escaseando los medios de subsistencia, el agregado social los produjo artificialmente; ese aumento de capacidad productiva fomentó la asociación para la lucha, imponiendo las primeras divisiones del trabajo social y la escisión de la sociedad en clases. La lucha, atenuada gradualmente, ha persistido; se encuentra subordinada a la insuficiente capacidad productiva del hombre, que no permite la satisfacción ilimitada de las necesidades individuales.

Las condiciones actuales de lucha por la vida entre los hombres no son eternas. Todo induce a creer que la asociación de los individuos para luchar contra la naturaleza, haciéndola más productiva, es condición esencial para el incremento de los agregados humanos y tiende a aumentar la solidaridad entre los individuos del grupo, entre los grupos de la raza y entre las razas de la humanidad.

Este principio es tan natural como el otro. Nace de la conveniencia de asociar las fuerzas individuales para intensificar el trabajo social; es la tendencia a obtener un máximum de bienestar con el menor esfuerzo posible; y éste, en nuestro entender, es el objetivo supremo de todas las voliciones humanas.

A esta manera de pensar conduce la ley de evolución según la menor resistencia, ley que es universal. Preferimos este criterio al que subordina la atenuación de la lucha por la vida a causas morales metafísicas, como ser el crecimiento progresivo del "altruísmo", concebido como vaga antítesis del "individualismo" no obstante ser su forma más elevada y perfecta.

Podemos, en definitiva, afirmar: en las sociedades humanas se atenúa progresivamente la lucha por la vida, al mismo tiempo que se intensifican los resultados de la asociación para la lucha contra la naturaleza.

He aquí representadas en un sencillo cuadro gráfico las ideas que acabamos de exponer. (*Diagrama 1.*)

1.º. La estática social, en cada momento de la evolución de los agregados humanos, es la resultante de la combinación del antagonismo social (inherente a la lucha por la vida), y la solidaridad social (inherente a la asociación para la lucha).

2.º. La dinámica social, en el movimiento de la evolución, está representada por un desarrollo creciente de la asociación para la lucha, equilibrado por una atenuación progresiva de la lucha por la vida.

III.—EVOLUCIÓN DE LOS MEDIOS VIOLENTOS Y FRAUDULENTOS DE LUCHA POR LA VIDA

Establecido que la lucha por la vida entre los hombres se atenúa por el desarrollo de la asociación para la lucha, examinemos cómo se produce ese fenómeno.

La lucha por la vida resulta de la acción combinada de los medios violentos y fraudulentos usados por los hombres para luchar, aisladamente o en grupos.

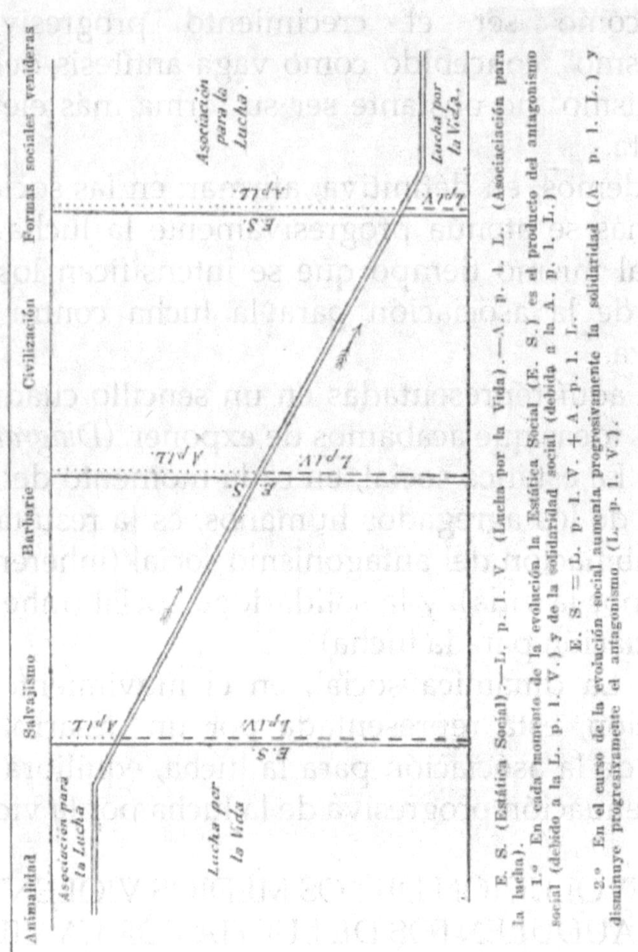

DIAGRAMA I—LUCHA POR LA VIDA EN LA EVOLUCIÓN SOCIAL.

Si la intensidad de la lucha disminuye, debe disminuir la intensidad de los medios requeridos para ella. En otras palabras, a medida que disminuye la resistencia, debe disminuir la cantidad de energía empleada. En un ambiente social primitivo, donde la producción es escasa e insuficiente, la lucha por la vida es más intensa contra la naturaleza, siendo mayores los esfuerzos que debe hacer el individuo para sobrevivir. En cambio, cuando en los agregados humanos aumenta la capacidad de producción, el bienestar medio se eleva, la asociación para la lucha se organiza, y los individuos necesitan desplegar menos esfuerzos para vivir en condiciones de mayor bienestar.

Cuando las resistencias de la lucha equivalen a cien, el individuo desarrolla medios de lucha que representan un esfuerzo igual a cien; cuando la asociación atenúa la lucha en un treinta por cien, los medios de lucha empleados sólo ascienden a setenta. Esta noción es simple; aumenta su sencillez explicándola en forma numérica.

Pero en esa atenuación de los medios de lucha se establecen diferencias cualitativas. La violencia y el fraude no siguen el mismo curso, ni se modifican caprichosamente. En los agregados sociales primitivos los medios violentos predominan en la lucha por la vida sobre los astutos; basta pensar que la violencia es correlativa del sentimiento de antagonismo, propio de agregados donde la lucha es mayor; el freno a la violencia es el sentimiento de solidaridad social, correlativo de la asociación para la lucha.

En la evolución humana el antagonismo se atenúa y la asociación aumenta; con ésta crece la solidaridad, disminuyendo los medios violentos de lucha por la vida, sustituidos por medios fraudulentos; o, como suele decirse, "la violencia se transforma en fraude".

Prueba de ello encontramos en la evolución del delito. Este ejemplo es expresivo; en último análisis, el delincuente es un sujeto que, en la lucha por la vida, ha excedido los límites fijados por la ética del medio social en que actúa. Sin entrar en otras consideraciones, superfluas para nuestro objeto, damos por demostrada esa evolución de la delincuencia, enviando al lector a los estudios especiales de Ferri, Sighele, Tarde, Ferrero, Niceforo y otros. El hecho es ése; poco importa que ese aumento se considere absoluto, relativo a la delincuencia violenta, o un resultado de una transformación del delito violento en fraudulento. El hecho existe, es indudable.

Podemos formular un principio general. *En relación a la lucha por la vida,* los medios violentos tienden a disminuir, y los medios fraudulentos tienden a aumentar. Hay sustitución de la violencia por el fraude, o bien transformación de aquélla en éste.

Pero, según hemos visto, la intensidad de la lucha por la vida no es constante; atenúase progresivamente. Podemos, pues, formular este otro principio, más complejo pero igualmente exacto:

Relativamente a la evolución social los medios violentos de lucha tienden a atenuarse; los fraudulentos (aumentando siempre con relación a los violentos) tienden a un aumento absoluto mientras predomina la lucha, pero disminuyen cuando comienza a predominar la asociación.

Un cuadro gráfico dará expresión más tangible a estas ideas sobre la evolución de los medios violentos y fraudulentos en la lucha por la vida, en su doble concepto absoluto y relativo. (*Diagrama II.*)

Sólo cabe repetir que *la simulación es uno de los medios fraudulentos de lucha por la vida; su evolución se involucra en la del grupo de los medios fraudulentos.*

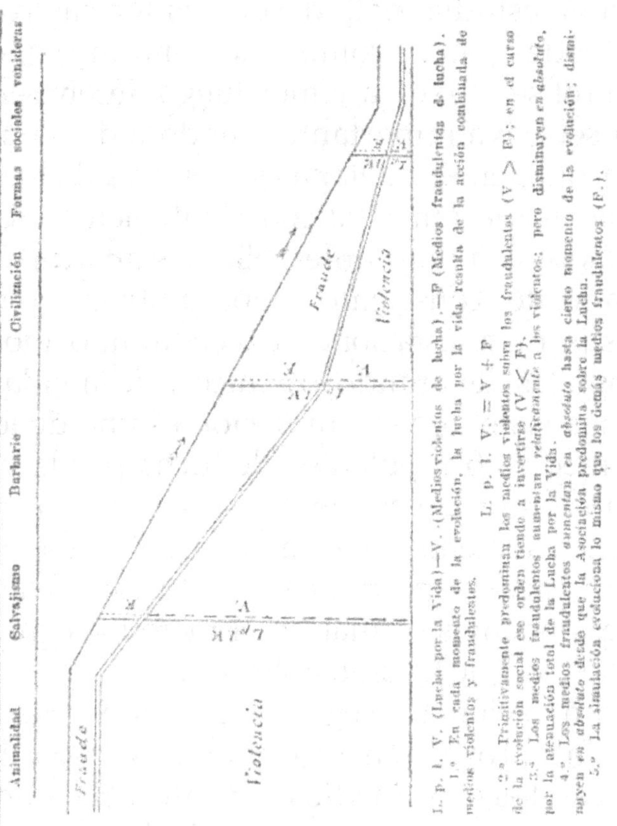

DIAGRAMA II—EVOLUCIÓN DE LOS MEDIOS DE LUCHA POR LA VIDA.

IV.—DISMINUCIÓN REGRESIVA DE LA SIMULACIÓN EN EL PORVENIR

Es llegado el momento de ensayar una recapitulación sintética, antes de formular las últimas conclusiones.

Hemos analizado el valor de todos los fenómenos de simulación, usados como medios de lucha por la vida para adaptarse a las condiciones del medio. Con ese objeto procuramos reconstruir la filogenia de la simulación, estudiándola desde sus formas rudimentarias, donde aparece como fenómeno casual, desprovisto de rol selectivo; la vimos luego desempeñar una función selectiva importante, siendo todavía un fenómeno inconsciente; en etapas superiores de la vida orgánica la encontramos ya conscientemente usada por el simulador con fines útiles; ella nos apareció por fin, no solamente consciente sino también voluntaria. Desde sus manifestaciones en el mundo inorgánico pasamos a las del mundo orgánico y de la vida social.

Hemos visto que la simulación es uno de los principales medios fraudulentos de lucha por la vida, incluyéndose, por consiguiente, su evolución en la de todos los fenómenos de este grupo. Y, llegados a formular un juicio respecto de su evolución en la especie humana, podemos confiar en el método seguido y en el criterio con que ha sido aplicado.

La simulación ha seguido en los agregados humanos una progresión creciente, sustituyéndose los medios astutos a los medios violentos. Ha aumentado en absoluto, mientras predominó el sentimiento de antagonismo; ¿disminuirá en etapas venideras de la evolución, si llega a predominar el sentimiento de solidaridad social, nacido de la asociación para la lucha contra la naturaleza?

No basta que en las sociedades civilizadas se pueda ir por las calles sin ser agredido, cruzar los campos sin temer salteadores, surcar los mares sin encontrar piratas. La asociación crea entre los hombres sentimientos comunes, que constituyen la moralidad social, desenvuelven la solidaridad y engendran aspiraciones convergentes hacia ideales que no excluyan la verdad y la justicia.

El deseo, no lo ignoramos, engendra ilusiones; pero la experiencia social, si no estamos engañados por un optimismo legítimo, autoriza a creer que la humanidad ha dado ya algunos pasos hacia un solidarismo ético, fundado en el incremento de la asociación y a expensas de la lucha.

¿No es Ésa la orientación futura de las sociedades más civilizadas?

Felices los hombres que puedan preocuparse de *ser* y olvidarse de *parecer*; los que puedan fiar en la sinceridad ajena, sin vivir en perpetua alarma entre la común hipocresía; los que puedan amar la verdad y aborrecer la mentira; los que puedan ser leales y sentirse correspondidos; los que puedan creer a sus padres, a sus amadas, a sus hijos, a sus amigos, a sus vecinos, a los hombres todos, esclavos hoy de la ficción organizada y acaso redimidos mañana por la inutilidad de vivir en perpetuo engaño recíproco.

V.—CONCLUSIONES

De la animalidad primitiva hasta la civilización presente, han disminuido entre los hombres los medios violentos de lucha por la vida y han aumentado los medios fraudulentos. En formas venideras de organización social, y dada la creciente tendencia de los hombres a asociarse contra la naturaleza, la simulación parece destinada a disminuir en la medida en que se atenúe la lucha por la vida.

CONCLUSIONES
SINTÉTICAS

I.—Donde hay vida hay "lucha por la vida", concepto que debe entenderse en el sentido amplio y figurado que le atribuyó Darwin. Para esa lucha todas las especies vivientes poseen medios especiales de protección o de ofensa, que adquieren un valor psicológico cada vez más explícito desde las especies inferiores hasta el hombre. Los primitivos medios de lucha son violentos y se complementan progresivamente con medios fraudulentos; entre éstos, uno de los más importantes en la especie humana, es la simulación. En todas sus manifestaciones la simulación es útil en la lucha por la vida y se presenta como un resultado de la adaptación a condiciones propias del medio en que la lucha se desenvuelve.

———

II.—En el mundo biológico la simulación y la disimulación están representadas por los fenómenos de homocromía y de mimetismo. Son generalmente ajenos a la voluntad del animal mimetizante, y resultan de la selección natural o de la acción del medio; en ciertos casos, sin embargo, son activos y voluntarios. A medida que progresa el desenvolvimiento mental de las especies, aumenta la posibilidad de las simulaciones individuales y es mayor la conciencia que de ellas tiene el simulador. Sean activos o pasivos, conscientes o inconscientes, voluntarios o accidentales, los fenómenos de simulación son útiles al animal en que se observan y le sirven para la mejor adaptación a las condiciones de lucha por la vida.

———

III.—En las sociedades humanas, la lucha por la vida reviste múltiples aspectos individuales y colectivos; a cada forma de lucha el hombre adapta maneras especiales de simulación y disimulación. Existe un franco paralelismo entre las formas de lucha y las simulaciones correspondientes. Para el común de los hombres, "saber vivir" equivale a "saber simular"; sólo algunos individuos superiores, dotados de especiales condiciones para la lucha por la vida, pueden imponer su personalidad al ambiente, sin someterse a simular o disimular para adaptarse. Los hombres, en general, adáptanse tanto mejor al medio en que luchan por la vida, cuanto más desarrollada tienen la aptitud para simular.

———

IV.—El carácter humano, como instrumento de adaptación de la conducta al medio, es una expresión sintética de la personalidad. El estudio de la psicología de los simuladores se refiere a una modalidad sintética del carácter, caracterizada por el predominio de la simulación.

En la composición del carácter intervienen diversos elementos de la personalidad; el predominio de algunos produce tipos que pueden clasificarse como sensitivos, intelectuales y volitivos. Sobre esos tipos las cualidades predominantes constituyen los diversos "caracteres humanos".

Los "hombres de carácter" luchan intensamente por la vida y están diferenciados de la masa compuesta por los "sin carácter". La mayor intensidad en la lucha por la vida implica una intensificación de los medios de lucha.

Todos los hombres son simuladores, en mayor o menor grado, siendo ello indispensable para la adaptación de la conducta a las condiciones del medio. Pero la simulación es la nota dominante en el "simulador característico", en quien la simulación es el medio preferido en la lucha por la vida.

Existen dos grupos de simuladores: los congénitos y los adquiridos. En los primeros predomina el temperamento individual; en los segundos la influencia del medio social. En otros casos la tendencia a simular surge sobre fondo patológico.

Por la combinación de su carácter fundamental con otros secundarios, los simuladores pueden clasificarse en tres grupos y seis tipos principales. Los simuladores mesológicos ("astutos" y "serviles"); los simuladores por temperamento ("fisgones" y "refractarios"); los simuladores patológicos ("psicópatas" y "sugestionados").

Los simuladores mesológicos, determinados por el ambiente, exageran una forma normal de lucha por la vida; los astutos y los serviles son harto numerosos.— Los simuladores por temperamento y los patológicos

constituyen una minoría; la simulación no es, para éstos, un medio de adaptación a las condiciones de la
lucha por la vida, sino el exponente de una modalidad psíquica especial.

V.—Las simulaciones de estados patológicos se
encuadran en el principio común a los demás fenómenos de simulación, siendo, como todos ellos, simples medios adaptativos a las condiciones de la lucha
por la vida. Sus móviles más comunes son tres: la explotación de la beneficencia, eludir el servicio militar
y la simulación de la locura para obtener la irresponsabilidad penal. Son casos particulares de la ley general que comprende a todos los fenómenos de
simulación.

VI.—De la animalidad primitiva hasta la civilización
presente, han disminuido entre los hombres los medios violentos de lucha por la vida y han aumentado
los medios fraudulentos. En formas venideras de organización social, y dada la creciente tendencia de los
hombres a asociarse contra la naturaleza, la simulación parece destinada a disminuir en la medida en
que se atenúe la lucha por la vida.